D1929210

Theologie interkulturell
Band 21

Die Reihe »Theologie interkulturell«
wird herausgegeben von »Theologie interkulturell« e. V.
am Fachbereich Katholische Theologie
der Johann Wolfgang Goethe-Universität
Frankfurt am Main
www.theologie-interkulturell.de

Paulo Suess

# Und sie bewegt sich doch!

## Wegmarken pastoraler Praxis in Theologie und Kirche Lateinamerikas

Matthias Grünewald Verlag

**VERLAGSGRUPPE PATMOS**

PATMOS
ESCHBACH
GRÜNEWALD
THORBECKE
SCHWABEN

Die Verlagsgruppe
mit Sinn für das Leben

MIX
Papier aus verantwortungsvollen Quellen
FSC® C003147

Für die Schwabenverlag AG ist Nachhaltigkeit ein wichtiger Maßstab ihres Handelns. Wir achten daher auf den Einsatz umweltschonender Ressourcen und Materialien.

Bibliografische Information der Deutschen Nationalbibliothek
Die Deutsche Nationalbibliothek verzeichnet diese Publikation in der Deutschen Nationalbibliografie; detaillierte bibliografische Daten sind im Internet über http://dnb.d-nb.de abrufbar.

2. Auflage 2014

www.gruenewaldverlag.de

Umschlaggestaltung: Finken & Bumiller, Stuttgart
Layout: Andrea Siebert, Neuendettelsau
Druck: CPI – buchbücher.de, Birkach
Hergestellt in Deutschland
ISBN 978-3-7867-2814-6

# Inhalt

# Zweiter Teil
# Kritisch Urteilen

## IV. Wegmarken.
## Im Sog des Zweiten Vatikanums



## V. Neuorientierungen.
## Nachkonziliare Schwerpunkte



## VI. Aparecida.
## Missionarische Synthese



# Dritter Teil
# Solidarisch Handeln

## VII. Glaubenspraxis.
## Befreiungstheologie in Szenarien des Widerstands

## VIII. Aufbrüche. Impulse für eine Spiritualität der Befreiung



## IX. Horizonte. Transformation durch Partizipation

# Einleitung[1]

Zeiten der Übergeschwindigkeit und Beschleunigung, in denen pastorale Mitarbeiter wie Formel-1-Fahrer durch ihre Gemeinden hasten, sind meist Zeiten des Stillstands und der Bewegungslosigkeit ihrer Auftraggeber. Man kann also getrost sagen: Zeitnot ist ein Kennzeichen struktureller Unbeweglichkeit. Der Buchtitel *Und sie bewegt sich doch* deutet zunächst auf das »Trotzdem« einer der Bewegungslosigkeit abgerungenen Bewegung hin, die dann auch Übergeschwindigkeiten überflüssig macht. In jedem der neun Kapitel werden wir mit dieser Trotzdem-Bewegung konfrontiert, die Anlegeplätze für die Zukunft bereithält.

Bewegung allein genügt nicht. Es muss auch die Richtung stimmen. Im Zusammenhang der hier vorgelegten Texte, bei denen es um *Wegmarken pastoraler Praxis in Theologie und Kirche Lateinamerikas* geht, werden wir Bewegung und Richtung von Zivilgesellschaft, Staat und Kirchen, die miteinander verkettet sind durch Strukturen und soziale Rollen, durch Weltanschauungen und Lebenswelten, im Auge behalten.

Zivilgesellschaft, Staat und Kirchen sind historische Größen und daher beweglich, obwohl sie weder völlig autonom noch völlig fremdbestimmt sind. Sie können ihre Verkettungen aufbrechen, aus der Rolle fallen, beweglich werden, im gegenseitigen Zuspruch und Widerspruch miteinander um das Wohl aller wetteifern. In vielen dieser Texte geht es daher darum, aus den Extremen der Unbeweglichkeit und der Übergeschwindigkeit, die beide gleichermaßen lebensgefährlich sind, jenen Bewegungsmodus herauszukristallisieren, der den toten Punkt des Stillstands überwindet und die tödliche Übergeschwindigkeit vermeidet. Das ist gemeint mit »Und sie bewegt sich doch!«

Stillstand und Übergeschwindigkeit wetteifern miteinander im historischen Augenblick einer Dauerkrise, die den nahezu endzeitlichen Eindruck erweckt, dass alles, was »laufen« kann, schon gelaufen ist. Die Präposition »post« deutet auf eine Zeit hin nach den großen Rennen und Erzählungen von Religion, Geschichte, Technik und Modernität. Das aufklärerische Moment der Zeit scheint stillgelegt. In akademischen

[1] Der hier vorgelegte Band geht auf Vorlesungen zurück, die ich als Gastprofessor auf Einladung von »Theologie interkulturell« am Fachbereich Katholische Theologie der Johann Wolfgang Goethe-Universität Frankfurt am Main im Wintersemester 2008/09 gehalten habe. In den fünf Jahren zwischen Vortrag und Publikation wurden alle Texte überarbeitet, erweitert und mit neuen Informationen und Fragestellungen angereichert und konfrontiert.

Sprachregelungen wird unser Zeitalter als nachmetaphysisch und nachgeschichtlich, als postindustriell und postmodern gekennzeichnet. Zukunft ist aufgewärmte Gegenwart. Die Vergangenheit Lateinamerikas wird zum Protokoll der *Conquista*, die Gegenwart zum Privileg der siegreich Überlebenden. Unsere Träume von einst wurden in der Zisterne des Postneoliberalismus eingelagert. Die Rede vom »historischen Projekt«, belehren uns mit höchstem Lob ausgezeichnete Magisterarbeiten, sei ein pathetischer Ausrutscher der 68er gewesen.

Zwischen versteinertem Stillstand der Vergangenheit und wahnwitziger Beschleunigung der Gegenwart versuche ich das »Projekt Menschheit« als historisches zu charakterisieren, nicht als Mittelweg zwischen »alles« oder »nichts«, sondern als systemischen Exodus. Zu diesem Projekt können die Kirchen Lateinamerikas einen wichtigen Beitrag leisten durch die prophetische Vermessung von vorläufigen Raststätten der Zukunft für alle, für die in der neoliberalen Herberge und im Schuldenstaat kein Platz vorhanden ist. Aber Kirchen müssen auch in ihren eigenen Reihen kämpfen um die Anerkennung von Alterität und die Umverteilung ihrer Latifundien der Macht, müssen durch entschleunigte Bewegung und kritische Wachsamkeit aufstehen gegen alles, was uns die Preisgabe unserer Menschlichkeit durch kanonische Rechtsvorschriften abfordert und »unsere« Natur zerstört.

Das alles kann in einem historischen Disput auf den Weg gebracht werden, der bisweilen den Eindruck einer Notbremse erweckt. Aber zwischen Stillstand und exzessiver Beschleunigung ist die Notbremse nur eine halbe Lösung. Nicht in den Abgrund zu rasen heißt noch nicht, ein lebenswertes Leben zu führen. Man wird auch eine Laterne brauchen, um die Zisterne auszuleuchten, in die unsere Hoffnungen geworfen wurden, und man wird den Leuchtturm benötigen, welcher der Geschichte Anlegeplätze für die Zukunft signalisiert.

Nach der lateinamerikanischen Methode »Sehen – Urteilen – Handeln« (vgl. MM 235) sind die Texte in drei Teile gegliedert: »Genau Hinsehen« (Erster Teil, Kapitel I–III), »Kritisch Urteilen (Zweiter Teil, Kapitel IV–VI) und »Solidarisch Handeln« (Dritter Teil, Kapitel VII–IX), sodass in jeden der Teile jeweils drei Vorlesungstexte eingefügt sind. Textliche Überschneidungen und Wiederholungen mögen der Vertiefung dienen.

1. Beim »genauen Hinsehen« (Erster Teil) habe ich drei verschiedene Hintergrundfolien vor Augen: den kolonialen Kontext, die säkularisierte Moderne und die verschiedenen mikrostrukturellen Lebenswelten. Das Streben nach der Entkolonialisierung kirchlicher Strukturen und theologi-

scher Praxis, die der Frohen Botschaft Jesu widersprechen, ist ein fortdauernder Prozess, den weder Aufklärung noch säkularisierte Moderne außen vor lassen konnten.

2. Eine der Welt zugewandte Theologie, welche sich ihres kolonialen Erbes bewusst ist, wird eine Theologie im Plural sein. Zusammen mit antihegemonialen Bewegungen nimmt sie lernend an den Kämpfen für die Erhaltung des Lebens und eine Minderung des Leids teil.[2] In den Fels der aus Europa importierten Theologie haben die indigenen Völker Schneisen eigener Theologien geschlagen. Grundlagen dieser indigenen Theologien sind ihre Kulturen und Religionen. Sie sind die Basis ihres historischen Projekts, ihrer Identität und ihres Widerstands gegen nivellierende Integration und gegen zerstörerische Exklusion.

Die indigenen Religionen wurden fast nie von der brasilianischen Ortskirche wahrgenommen. Daher schien es unerlässlich, beim »genauen Hinsehen« wenigstens an einer dieser indigenen Religionen und Theologien (Guaraní Kaiowá) zu zeigen, dass indigene Gesellschaften und ihre Religionen keine sozio-kulturellen Auslaufmodelle zu sein brauchen, wenn es gelingt Solidarität gegen Profitinteressen in den Nationalgesellschaften zu mobilisieren.

3. Der Sendungsauftrag der Kirche verwirklicht sich in sehr unterschiedlichen Lebenswelten, die ihrerseits von autoritären und globalen Wirtschafts- und Produktionsstrukturen bedroht sind. Einigen Großgewinnern, die sich unkontrolliert riesige Ländereien und den Mehrwert der Produktion aneignen konnten, steht eine Mehrheit von Verlierern durch kulturelle Entfremdung und wirtschaftliche Armut gegenüber. Die Mehrheit der Bürger hat das Vertrauen in Staat und Demokratie verloren, die nicht in der Lage sind, »die Ausbeutung von Mensch und Natur zu beschränken [...]. In den Augen der Bürger ist die Politik von einem gestaltenden Akteur zu einem reaktiven (und schlecht funktionierenden) Krisenbewältigungsinstrument geworden«.[3] Nationalstaatliche Demokratie kapituliert vor dem erpresserischen Druck des internationalen Marktes. Führungskräfte, die von den Sozialbewegungen in den Regierungsapparat übergewechselt sind, können dort nicht verwirklichen, was sie einst auf der Straße versprochen haben. Die durch das Diktat der Wirtschaft hervorgerufene Krise der Demokratie ist im gegenwärtigen Kapitalismus endemisch.

2 Suess 2012, 466.
3 Rosa 2012, 360.

4. Elemente für ein »kritisches Urteil« (Zweiter Teil) über den ekklesialen Spielraum in dieser Situation können aus den Reflexionen des Konzils gewonnen werden. Zunächst ist die katholische Kirche durch das Konzil selbstreflexiv geworden und hat ihre vorkonziliare Kolonialität durchschaut. Aber eine zweitausendjährige Geschichte steht bei allen Versuchen von Reform und Erneuerung im Spannungsfeld von Bruch und Kontinuität. Schrift und Patristik, aber auch neue Einsichten der Humanwissenschaften dienten dem konziliaren Öffnungsprozess als Leitlinien. In den Jahren nach dem Konzil haben neue Akteure versucht, die vom Konzil angedachten Fragen in die kirchliche Praxis umzusetzen: Ortskirchen als Antwort auf den Zentralismus, Laien, die als Volk Gottes eine breiter gestreute Ämterstruktur ermöglichen, und plurikulturelle Weltkirche als Korrektiv zum Eurozentrimus.

5. Die nachkonziliare Zeit Lateinamerikas war vor allem von der II. und III. Generalversammlung des Lateinamerikanischen Episkopates in *Medellín* (1968) und *Puebla* (1979) geprägt. Beide Konferenzen haben Fragestellungen des Konzils in der Realität der sogenannten Dritten Welt kontextualisiert. In *Medellín* hat das lateinamerikanische Lehramt einen entscheidenden Schritt von der abstrakten Option für die Menschheit zur konkreten Option für die Armen getan. Die Protestbewegung des Jahres 1968 mit ihrem Ruf nach sozialer Veränderung, nach dem Protagonismus der Unterdrückten und nach einem neuen Lebensprojekt wurde in Lateinamerika als Zeichen der Zeit verstanden, als Einladung zu einer neuen Qualität kirchlicher Präsenz in der Welt.

6. Andererseits haben Säkularisierung und Priestermangel auch in Lateinamerika zu einem distanzierteren Weltverhältnis der katholischen Kirche geführt. Die Tatsache, dass die Anzahl der Katholiken in Brasilien jährlich um 1% abnimmt, veranlasste die autorisierten Gremien dazu, Brasilien als Land, *Aparecida* als Ort und Mission als Thema für die Durchführung der 5. Generalversammlung des Episkopats von Lateinamerika und der Karibik zu wählen.

Unter dem Druck des kirchlichen Exodus unternahm *Aparecida* (2007) den Versuch einer »missionarischen Synthese« im Dienste einer erneuerten missionarischen Anziehungskraft und Ausstrahlung. Im Eingedenken der »missionarischen Natur« des Volkes Gottes, welche das II. Vatikanum neu ins kirchliche Bewusstsein gerufen hatte, belebt *Aparecida* die Erfahrungen der kontextuellen Pfade der Lateinamerikanischen Bischofskonferenzen neu, mit ihren Schwerpunkten auf der Ortskirche (Gründung des CELAM in *Rio de Janeiro* 1955), der »Option für die Armen« und der »Befreiung« (*Medellín* 1968), auf »Gemeinschaft und

Mitbeteiligung« (*Puebla* 1979) und »Inkulturation« (*Santo Domingo* 1992). Die Missionstheologie von *Aparecida* ist einfach. Aufgrund ihrer Taufgnade sind alle Christen »durch das gemeinsame Priestertum des Volkes Gottes« (DAp 157) berufen, »die Gemeinschaft mit der Dreifaltigkeit zu leben und weiterzugeben« (ebd.) in ihrer missionarischen Sendung, die sie verwirklichen, indem sie

- Jesus, der den Weg nicht nur zeigt, sondern der Weg ist, nachfolgen (vgl. DAp 129–139),
- den Gott der Liebe als Vater aller Menschen bezeugen (vgl. DAp 157, 386),
- die Ankunft des Reiches Gottes verkünden (vgl. DAp 139, 143–148, 386),
- die Gabe des Lebens eucharistisch, d.h. danksagend, feiern und weitergeben (vgl. DAp 251).

Zwischen einer freischaffenden Jüngerschaft, die auf eigene Faust arbeitet, und einer halbherzigen Unterwerfung unter unzeitgemäße institutionelle Forderungen bleiben auch mit und nach *Aparecida* der Weg kirchenkritischer Loyalität und der gewagte Versuch, in die verbale Weitläufigkeit des Textes von *Aparecida* einige praktische Schneisen zu schlagen, die es ermöglichen mit *Aparecida* über *Aparecida* hinauszugehen.

7. »Solidarisches Handeln« (Dritter Teil) aus dem Glauben führt uns in Szenarien »voll Schmerz und voller Hohn«: zu einer Kommunität der Guaraní, die am Rande einer riesigen Schutthalde von Asunción (Paraguay) ihr Leben fristet, zu einer Landbesetzung ehemaliger Obdachloser, die in São Paulo von der Straße aufgelesen wurden und nun in einer Landkommune eine neue Lebenswelt aufgebaut haben, und zu einer Geburtenklinik für arme Mütter, die nie in eine Krankenkasse einbezahlt haben und meist von der Straße oder aus einem Elendsviertel kommen. Alle diese Szenarien sind eingebettet in einen ganz normalen Alltag der Armut und in jenen Glaubenshintergrund der Solidarität, der sich und andere in Bewegung hält. In all diesen Szenarien sind pastorale Mitarbeiter, meist engagierte Laien und Ordensfrauen, anzutreffen, die in diesem Fluss des beschädigten Lebens ausharren und dafür kämpfen, dass das, was in amtskirchlichen Dokumenten[4] theoretisch oft sehr gut dargestellt ist, in Politik und Alltag Wirklichkeit wird.

8. Die andere Komponente »solidarischen Handelns« ist der Widerstand gegen Entfremdung im eigenen Haus, gegen Vergleichgültigung und gegen jede Form des Erstarrens und des trüben Blicks. Innere Freiheit

---

[4] Vgl. Conferência Nacional dos Bispos do Brasil 2010b; dies. 2010c.

gibt uns die Kraft zum Widerstand gegen die verschiedensten Formen von kollektiver Unterdrückung durch Politik, Arbeit, Konsum, Medien und Markt. Christen gehen nicht davon aus, dass sie medialer Verzauberung und dem Bann des Schicksals eigenmächtig entgehen können, sondern wissen sich auf besondere Weise an den Geist der Gabe verwiesen, den wir als Heiligen Geist, als Anwalt und Zeugen anrufen. Er bringt die Gaben Gottes zum Reifen, drängt auf die Verwandlung der Welt und antizipiert in uns Auferstehung. Papst Benedikt XVI. hat in seiner Enzyklika *Spe salvi* (2007) auf einen Gedanken Adornos hingewiesen, dass nämlich »Gerechtigkeit nicht sein kann ohne Auferweckung der Toten« (SS 42). Gerechtigkeit können wir hier ganz umfassend verstehen als das nicht entfremdete, als das entrümpelte Leben, das auf die absolute Zukunft zugeht. Der spirituelle Aufbruch als Entschluss, sich im Leben der Mühselig-Beladenen präsent zu machen, ist ein Weg der Befreiung vom Zwang zum Vielerlei, ein Weg des Los-Lassens, der Ver-Gebung und des Sein-Lassens Anderer.

Um der Bipolarität von Aktion und Kontemplation zu entgehen, habe ich versucht eine trinitarische Mystik zu entwerfen, eine Mystik des Schweigens, des Wortes und des Dienens. Die Mystik der Stille und des Schweigens, in der wir Gottes Bild erahnen, führt uns zur Mystik des Hörens des Wortes Gottes und zur prophetischen Mystik des Sprechens und des Verneinens. In der Mystik des Hörens bereiten wir uns auf das Hören des Ganz-Anderen und des Anderen in der Welt vor, auf die Mystik des Dienens, die immer fragmentarisch, symbolisch, unvollständig ist und uns daher immer wieder zurückführt zur Mystik des Schweigens vor dem Geheimnis.

9. »Solidarisches Handeln« ist schließlich partizipatives Handeln mit und für andere. In dieser letzten Vorlesung ging es um Transformation durch Partizipation, um die Partizipation der Ortskirche nicht als Filiale einer Verkaufszentrale, sondern als konstitutiver Teil der Großkirche; es ging um die Partizipation indigener Ortskirchen, in den ihren Kulturen eigenen Möglichkeiten zu feiern und ihre Ämter zu strukturieren. Die indigenen Völker sind kein liturgisches Experimentierobjekt, sondern missionarische Subjekte einer neuen Möglichkeit des Kirche-Seins.

Es ging ferner um Anerkennung und Partizipation der Basisgemeinden (CEB) am ortskirchlichen Leben. In den Basisgemeinden ist der Prozess der kirchlichen Subjektwerdung schon seit den 60er Jahren in Gang. Mit dem Hinweis auf *Gaudium et spes* (GS 55) fordert *Medellín* für die Übernahme von Verantwortung in diesen Basisgemeinschaften ein »Klima der Selbstbestimmung« (DM 15,11).

Soziale Bewegungen versuchten an verschiedenen Standorten der Welt den suggestiven Schein der Alternativlosigkeit gängiger Kosten-Nutzen-Rechnungen aufzubrechen. Inmitten globaler Unübersichtlichkeit kommt aus der andinen Welt der Quechua ein Fremdwort auf uns zu: *sumak kawsay*, was soviel heißt wie *bien/buen vivir* – gut leben. *Sumak kawsay* ist programmatisch in die Verfassungen Boliviens und Ecuadors eingegangen und seitdem präsent im öffentlichen Diskurs um Selbstbestimmung und demokratischen Sozialismus. *Sumak kawsay*, das »gute Leben« auf der Grundlage kultureller Verschiedenheit und sozialer Gerechtigkeit, ist eingebettet in ein komplexes und nicht-lineares Konzept von Anerkennung, Wertschätzung und Dialog, in dem Mensch und Natur Partner sind, die, soweit sie füreinander da sind und einander dienen, sich und etwas bewegen.

»Sie bewegt sich doch!« gab uns der lateinamerikanische Papst Franziskus symbolisch zu verstehen, als er auf dem Weltjugendtag sein Papamobil anhalten ließ, auf die Straße eilte, sich einer alten Frau in die Arme warf und Kinder küsste wie den Pokal eines gewonnen Fußballspiels. Sie bewegt sich doch, diese lateinamerikanische Kirche, wo sie aus der Welt der Armen heraus Sturm läutet für andere Welten und wo sie auf dem Weg zum Land der Bodenlosen Land urbar macht mit dem Strandgut der Hoffnung.

# ERSTER TEIL

# Genau Hinsehen

# I. Mission. Ein Blick auf den Sendungsauftrag der Kirche heute

Für Lateinamerika und die Karibik bedeutet Mission Erinnerung an eine heute noch lebendige koloniale Vergangenheit und ein seit den 60er Jahren des vergangenen Jahrhunderts umkämpftes Projekt der Befreiung. »Erinnerung« und »Projekt« sind konstitutive Wegmarken, die das Einbiegen in Sackgassen und beschleunigte Fortfahren auf Schnellstraßen verhindern können. »Erinnerung« und »Gedächtnis« unterbrechen prinzipiengeleitetes Denken ohne Praxisbezug, zwanghafte Wiederholung und traumatische Gedächtnislücken der Vergangenheit. Das »Projekt« ist die Vision einer anderen Gesellschaft, welche die vielen Hoffnungen und Erfahrungen, die in jedem persönlichen und sozialen Lebensentwurf stecken, zu bündeln versucht und die wir Christen in dem Paradigma vom Reich Gottes nur sehr bruchstückhaft auszubuchstabieren vermögen. Weil das Reich Gottes eine Größe ist, die sich stets im Kommen befindet, aber auch schon mitten unter uns sein kann, weisen wir die Möglichkeit einer funktionalen Perfektion des Weltgeschehens zurück, ohne uns deshalb aus der geschichtlichen Verantwortung für dieses Weltgeschehen zu stehlen und seine Verbesserung schicksalhafter Evolution zu überlassen.

Mission ist das Ja zur Nachfolge Jesu im Dienst am Reich Gottes (vgl. DAp 33). Dem Reich Gottes dienen heißt Gott preisen und dem Leben aller dienen: »Das Reich ist darauf angelegt, die Beziehungen unter den Menschen zu verändern, und verwirklicht sich schrittweise, insofern sie lernen einander zu lieben, einander zu vergeben und einander zu dienen« (RMi 15,1). Das Reich Gottes als Gabe und Aufgabe ist erfahrbar, aber nicht machbar. Wir erfahren es dort, »wo wir persönlich und in Gemeinschaft die Seligpreisungen erleben; wo die Armen evangelisiert werden und evangelisieren; wo Gottes Wille erkannt wird und geschieht; wo Menschen auf Grund ihres Glaubens zum Martyrium bereit sind; wo alle Menschen an den Gaben der Schöpfung Anteil erhalten; wo die Menschen als Geschwister einander ehrlichen Herzens vergeben; wo die Vielfalt der Menschen als Reichtum verstanden und respektiert wird; wo man sich gegen die Versuchung des Bösen zur Wehr setzt und nicht dessen Sklave sein will« (DAp 383).

Jesus sprach wiederholt vom Geheimnis des Reiches Gottes (Mk 4,11; Mt 13,11; Lk 8,10). Es gehört zu diesem Geheimnis des Reiches Gottes, dass wir darüber nur in Gleichnissen sprechen können, weil es größer ist als alles Wahrnehmbare, als alle Religionsgemeinschaften und Utopien zusammen. Und doch ist es immer auch klein wie ein Senfkorn. In dieser Spannung können sich Propheten und Bekenner, Arme und Andere, Getaufte und Ungetaufte in den Dienst seiner Verkündigung stellen und in solidarischem Einsatz für das Leben aller streiten.

## 1. *Mission versus Expansion und Exklusion*

Für Lateinamerika und die Karibik schwingt die ursprünglich koloniale Trägerschaft des Missionsbegriffs auch in der modernen säkularen Gesellschaft mit, wenn etwa in einer neokolonialen Nomenklatur von »Militärmissionen« die Rede ist oder wenn es heute zum guten Ton gehört, dass Wirtschaftsunternehmen, Schulen und Krankenhäuser schon in den Eingangshallen für alle gut sichtbar Definitionen ihrer »Mission« platzieren. Markt und Politik haben das Missionsparadigma als Propaganda übernommen. Supermärkte und Handelsketten werben weltweit mit missionarischem Eifer für ihre Produkte. Während hegemoniale Regierungen im Dienste ihrer Marktvorteile einen quasi eschatologischen Kampf zwischen Gut und Böse ankündigen, um ihren Einfall in fremde Länder zu rechtfertigen, versprechen Supermarktketten, wie beispielsweise in Brasilien die *Casas Bahia*, durch ihre Produkte eine »totale Hingabe« an die Kunden. Friedensmissionen, was immer man darunter zu verstehen hat, und ambitiöse Verkaufsziele werden in missionarischen Propagandaschlachten schöngeredet. Marktpsychologen pinseln Erlösungshorizonte aus, welche die Unterschiede zwischen Kunden und Gläubigen unscharf machen. Wer genau hinhört, merkt, dass jeder Werbeslogan einen missionarischen Impetus hat. Wer sich dieses und jenes Produkt leisten kann, beweist dadurch, dass er es gut meint mit sich selbst, mit seinen Kindern, mit Hund und Katze in seinem Haus.

Auch Kirchen haben mit dem Junktim von Mission und Propaganda Erfahrung. Zu Beginn des 17. Jahrhunderts taucht in der katholischen Kirche das Wort Propaganda als Synonym für institutionalisierte und weltweit organisierte Mission auf. Im Jahr 1622 gründete Papst Gregor XV. die *Propaganda fidei*, die Kongregation zur Verbreitung des Glaubens, kurz *Propaganda* genannt, eine zentral organisierte Rettungsaktion für Nichtkatholiken, seien es Heiden, Juden, Andersgläubige oder Atheisten, die als verlorene Menschen galten. Um sie aus den Wassern des Unglaubens und Irrglaubens zu retten, wurden Missionare und Missionarinnen als heroische Rettungsmannschaften aufgeboten. Auch Gewalt zum Einschluss Andersgläubiger oder zum Ausschluss Irrgläubiger konnte dabei im Spiel sein.[5] Ein bisschen Gewalt, vergleichbar mit dem Rippenstoß an der Tür eines überfüllten Zuges, war nicht auszuschließen, wenn man nur das Ziel der Seelenrettung dabei nicht aus den Augen verlor. Heute kann man getrost sagen, dass das Christentum nur dort zur dominierenden religiösen Kraft wurde, wo es von politischer Macht und militärischer Gewalt begleitet war.[6] Mit einem rein missionarischen Einsatz von Predigt und Nächstenliebe, ohne die Waffen der Kolonialmächte Spanien und Portugal, gäbe es keinen sogenannten christlichen Kontinent Lateinamerika. Die Kontinente Asien und Afrika, wo das Christentum die Religion von relativ kleinen Minderheiten geblieben ist, zeigen dies deutlich. Das flächendeckende Christentum kann heute nicht das Ziel von Mission sein, weil es erfahrungsgemäß mit politischen Bündnissen, mit Macht und Gewalt verknüpft ist.

Praktisch bis zum Beginn des II. Vatikanischen Konzils im Jahr 1962 galt die Auskunft, die Franz Xaver (1506–1552) seinen Gesprächspartnern in Japan gegeben hatte, als offizielle Lehrmeinung der Kirche. Wenn sie nach dem Ort ihrer Ahnen im katholischen Weltbild fragten, hatte der weitgereiste Missionar keinen Trost. Ja, er kam gerade deshalb von so weit her, weil es ohne sein Kommen keinen Trost gab. Wer in seiner Ungläubigkeit verstarb, konnte nicht einmal der Barmherzigkeit Gottes anempfohlen werden, »denn seine Seele befindet sich in der Hölle«.[7] Aus Cochin schrieb er am 29. Januar 1552 an seine Mitbrüder in Europa: »Untröstlich sind die Christen Japans […], wenn wir ihnen sagen, dass es für jene, welche in die Hölle kommen, kein Heilmittel gibt. Sie fühlen diese Trostlosigkeit aus Liebe zu ihren Eltern, Frauen und Kindern und zu all den anderen schon früher Verstorbenen, für die sie Mitleid empfinden. Viele beweinen die Toten und fragen mich, ob Opfergaben und Gebete nicht irgendwie als Heilmittel dienen könnten. Ich sage ihnen dann, dass es kein Heilmittel gibt.«[8]

Die sogenannte »Frohe Botschaft«, welche die Ahnen ausschloss, brachte den Japanern keine Freude, ja, sie war eine üble Nachricht. Seelenrettung aufgrund des behaupteten Heilsexklusivismus war zwar ein

---

5 Vgl. Angenendt [4]2008, 232–294.

6 Die Übergewichtung des Politischen gegenüber dem Missionarischen gilt bis heute. Päpstliche Reisen zu Ortskirchen werden zwar stets als Pastoralreisen deklariert. In Wirklichkeit handelt es sich bei diesen Reisen in ihrer Vorbereitung und Durchführung stets um ein Politikum ersten Ranges, selbst gegen den Willen des jeweiligen Papstes.

7 Francisco Javier 1979, 382 [Brief 94,8].

8 Ebd., 401 [Brief 96,48].

gewisser Ansporn für Missionarinnen und Missionare, aber für die Zielgruppe der Mission war sie ein Hindernis. Die »harte« Auskunft rechtfertigten die Japanmissionare als ein Zeichen ihrer Unbestechlichkeit. Die buddhistischen Bonzen würden tausend Schlupflöcher für das Seelenheil der Ahnen offen lassen, wenn dadurch nur etwas Geld in ihren Opferkorb fiele. Darin würden sie sich kaum vom Unwesen der Ablassprediger unterscheiden, das ja erst nach dem Tridentiner Konzil (1545–1563) normativ eingegrenzt wurde. Mit solchen Praktiken wollte man in der ignatianischen Nachfolge nichts zu tun haben. Das hermeneutische Prinzip war einfach und in sich schlüssig:

- Der christliche Glaube in seiner katholischen Entfaltung ist die einzige Religion, durch die das Seelenheil gewonnen werden kann.
- Die nicht-christlichen Religionen der Anderen sind eine Form der Götzenanbetung, weil sie ja nicht in der Offenbarung des wahren Gottes verwurzelt sind.
- In der götzendienerischen Religion rettet sich niemand, auch nicht durch den Bonus der Unwissenheit und Rechtschaffenheit.
- Der Einsatz für die Seelenrettung ist eine dringende Pflicht der Kirche.
- Aufgrund der sehr kleinen Zahl von Missionaren gehen viele Seelen verloren.
- Der Dialog mit Anders- oder Nichtgläubigen kann nur dazu dienen, diese von ihrem Irrtum zu überzeugen und zum Christentum zu bekehren.

Mit seiner Missionspredigt stand Franz Xaver stellvertretend für die Lehre der Kirche, so wie sie auch von anderen Missionaren noch bis ins 20. Jahrhundert hinein vertreten wurde. Dass ihn noch Pius XI. im Jahr 1927, zusammen mit Theresia vom Kinde Jesu, zum Patron des gesamten Missionswesens der Kirche ernannt hat, weist nicht nur auf seinen beispielhaften Heroismus und seine persönliche Lauterkeit hin, sondern auch auf seine bis dato allgemeingültige Missionsdoktrin. Die Franz Xaver nachgerühmte Weltoffenheit kann sich nur auf seine bewundernswerte Reisetätigkeit beziehen, nicht aber auf seine Glaubenspredigt im Hinblick auf die universale Heilsmöglichkeit aller Menschen. Da war er ein Kind seiner Kirche, nicht aber unbedingt seiner Zeit, in der durch konfessionelles Splitting und auch im Innern einer jeden Glaubensgemeinschaft die Heilsmöglichkeiten schon plurale Formen angenommen hatten.

## 2. *Die konziliare Wende: Aggiornamento, Inkarnation, Übersetzung*

Die entscheidende Wende im Hinblick auf die Missionsdoktrin der katholischen Kirche kam durch das II. Vatikanische Konzil zustande, das den Anschluss an die Moderne suchte. Das Konzil stellte sich der Aufgabe, die autorisierten Antworten der Vergangenheit nicht einfach Lügen zu strafen, aber eben doch die Heilsmöglichkeiten auch für andere Religionsgemeinschaften in ein neues Licht zu stellen. Eine nicht ganz leichte Aufgabe. Papst Johannes XXIII. formulierte diese Vermittlung zwischen Erbe und neuen Anforderungen der Zeit in seiner Eröffnungsansprache zum II. Vatikanischen Konzil am 11. Oktober 1962 folgendermaßen: »Doch es ist nicht unsere Aufgabe, diesen kostbaren Schatz nur zu bewahren, als ob wir uns einzig und allein für das interessieren, was alt ist, sondern wir wollen jetzt freudig und furchtlos an das Werk gehen, das unsere Zeit erfordert, und den Weg fortsetzen, den die Kirche seit zwanzig Jahrhunderten zurückgelegt hat.«[9]

Das waren also die hermeneutischen Vorgaben des Papstes: die Hauptpunkte der kirchlichen Lehre nicht »weitläufig zu wiederholen« und die beständige Lehre auszulegen, »wie unsere Zeit es verlangt«, denn es sei eben ein wichtiger Unterschied zwischen *Depositum Fidei* und Verkündigung. An der Lösung strittiger Fragen müsse geduldig gearbeitet werden, »wie es dem Lehramt entspricht, dessen Wesen vorwiegend pastoral ist«.[10] Bei aller Rücksichtnahme auf die Vergangenheit bestand Johannes XXIII. auf der Verantwortung der Kirche für die konkreten Menschen von heute und forderte eine »Pastoral als geschichtliche Hermeneutik der christlichen Wahrheit«.[11] Sie muss die doktrinären Erstarrungen der Vergangenheit zu relevanter Entfaltung bringen, will sie weiterhin von sich behaupten, dass sie »alle Menschen retten und zur Erkenntnis der Wahrheit gelangen lassen will« (1 Tim 2,4).

Es war ein langer und kurvenreicher Weg, den das Konzil gehen musste, um die Kirche aus ihren mit der Liebe Gottes nicht vereinbaren Verengungen herauszuführen. Papst Johannes XXIII. führte das Wort *aggiornamento* in die Debatte ein, über dessen semantischen Gehalt bis heute die Meinungen auseinandergehen. Sein Nachfolger, Paul VI., hat das Wort aufgenommen, in den Kontext von Kontinuität und Veränder-

---

9 Papst Johannes XXIII. 1962.

10 Ebd.

11 Ruggieri 1987, 256.

lichkeit in der Kirche gestellt und in seiner programmatischen Enzyklika *Ecclesiam suam* (ES, 1964), also noch vor Konzilsende, zu erklären versucht: »Das soll nicht heißen, wir müssten glauben, etwa die Unveränderlichkeit der Formen, mit denen sich die Kirche im Laufe der Jahrhunderte umgeben hat, gehöre zur Vollkommenheit, auch nicht, dass die Vollkommenheit darin besteht, jede Annäherung und Anpassung an die heute allgemein üblichen und einwandfreien Formen der Sitte und der Zeitumstände abzulehnen. Das nun schon berühmt gewordene Wort Unseres verehrten Vorgängers Johannes' XXIII. seligen Andenkens, das ›aggiornamento‹, werden Wir immer als programmatische Richtschnur im Auge behalten. Wir haben es als Leitkriterium des Ökumenischen Konzils bestätigt, und der Gedanke an dieses Wort wird Uns ein Ansporn sein, immer mit der inneren neuen Lebenskraft der Kirche zu rechnen, mit ihrer Fähigkeit, die Zeichen der Zeit zu deuten, und mit ihrer ewig jugendlichen Begabung, ›alles zu prüfen und das Gute zu behalten (1 Thess 5,21)‹« (ES 50).

*Aggiornamento* verweist also zunächst auf das Inkarnationsprinzip einer »Öffnung« in doppelter Richtung: Die Wirklichkeit der Welt hat Zugang zur Kirche und auch die Kirche geht ihrerseits auf die Wirklichkeit der Welt zu. Und Paul VI. fragt weiter: »Bis zu welchem Grade muss die Kirche sich den historischen und örtlichen Umständen anpassen, in denen sie ihre Sendung ausübt? [...] Die Welt wird nicht von außen gerettet. Man muss, wie das menschgewordene Wort Gottes, gewissermaßen mit den Lebensformen derjenigen eins werden, denen man die Botschaft Christi bringen will, man muss, ohne Rücksicht auf Privilegien oder ohne die Trennungswand einer unverständlichen Sprache, die allgemeine Gewohnheit annehmen, wenn sie nur menschenwürdig und lauter ist, vor allem jene der Kleinsten, wenn man gehört und verstanden sein will. Noch bevor man spricht, muss man auf die Stimme, ja sogar auf das Herz des Menschen hören« (ES 49).

Die Realität, auf die wir zugehen, hat zwei ganz verschiedene Dimensionen: die makrokulturelle Dimension der säkularisierten Moderne und die mikrostrukturelle Dimension der Kulturen und des ganz alltäglichen inter- und plurikulturellen Zusammenlebens. Das *aggiornamento* baut Brücken zu beiden Dimensionen und muss daher auch immer wieder kontrakulturell auf Distanz gehen. *Santo Domingo* bringt beides zum Ausdruck, wenn es sagt, dass »jedwede Evangelisierung Inkulturation des Evangeliums sein muss«, aber auch darauf hinweist, dass jede Kultur »von den Mächten des Todes« (DSD 13) durchkreuzt wird.

Wo geht es um Inkarnation und Inkulturation des Evangeliums und wo um Verweltlichung, also um Anpassung an die Welt? Wo versuchen wir das Evangelium in die Sprache der Welt zu übersetzen, um es kontrakulturell zu verkünden, und wo geben wir durch eine solche Übersetzung wesentliche Inhalte der Frohbotschaft auf durch die Anpassung an Kategorien eines religiösen Marktes ohne Platz für das Kreuz Christi? Das werden wir erst wissen, wenn wir trotz vieler Schreibtischarbeit den Basisbezug nicht vergessen, und zwar nicht als Besuch der Basis, sondern als dortige Präsenz.

Die Begegnung mit einfachen Leuten und die Begegnung mit Menschen anderer Kulturen stellen uns immer wieder in Frage, als Kirche und Gesellschaft, als Gläubige und kirchliche Mitarbeiter. Sie unterbrechen unsere Geschäftigkeit mit scheinbar banalen Dingen. Einfache Menschen und andere Kulturen unterscheiden sich von uns vor allem in ihrem Verhältnis zur Zeit. Sie halten uns häufig für Formel-1-Fahrer, die nur zu einem kurzen Pitstop mal bei ihnen hereinschauen und dann meinen, sie verstünden schon alles, was sich in ihrer Welt abspielt.

Papst Franziskus hat bei seiner Begegnung mit den brasilianischen Bischöfen aus Anlass des 28. Weltjugendtages seine Mitbrüder geradezu flehentlich gebeten, dass sie sich in ihrer pastoralen Arbeit »nicht auf den Reichtum der Mittel, sondern auf die Kreativität der Liebe« stützen sollen und dass sie sich nicht in der »Suche nach dem immer Schnelleren« verlieren mögen. Und Franziskus fährt fragend fort: »Versteht die Kirche noch, langsam zu sein: in der Zeit zuzuhören, in der Geduld [Wunden] zu vernähen und [Getrenntes] wieder zusammenzufügen? Oder ist mittlerweile auch die Kirche von der Hektik des Leistungsdrucks fortgerissen? Lasst uns, liebe Mitbrüder, die Ruhe zurückgewinnen, um zu verstehen, den Schritt auf die Möglichkeiten der Pilger, auf den Rhythmus ihres Gehens abzustimmen, lasst uns die Fähigkeit zurückgewinnen, immer in der Nähe zu sein […]. Es braucht eine Kirche, die noch fähig ist, vielen ihrer Kinder, die wie in einem Exodus umherziehen, ihr Bürgerrecht zurückzugeben.«[12]

Unser Hang zu schneller Abwicklung pastoraler Vorgänge – entspricht er nicht der kapitalistischen Beschleunigung, die Zeit mit Geld verrechnet? Unser Realitätsbezug in der Mikrostruktur des Alltags heißt Inkulturation, sei es in Fragen der Liturgie, der Sakramentenspendung, des Amtsverständnisses oder der Theologie. In Fragen der Makrostruktur verstehen wir diesen Realitätsbezug als *aggiornamento* und als Parteinahme bei den sozialen Prozessen von Umverteilung und Anerkennung.

12 www.vatican.va (27.07.2013, Papst Franziskus).

Weltkirchlich artikulierte Ortskirchen oder Weltkirche ortskirchlich verwurzelt? Weltkirche wie Ortskirche sind Kirche in der Welt von heute, die sich immer vor den zwei Extremen der Anpassung und der Abschottung hüten muss. Vor dem Hintergrund der Geschichte Israels konnte Jesus zeigen, dass die Überanpassung in Kanaan zum Verlust des verheißenen Landes und ins Exil geführt hat, dass aber auch, nach der Rückkehr aus dem Exil, die Abschirmung durch Tempelmauern und Legalismus dem Projekt Gottes im Wege steht. Zwischen beiden Extremen steht dann die dem Evangelium gemäße Identität des »In-der-Welt-Seins«, ohne von der Welt, also ohne verweltlicht zu sein.

Dies hat wohl Papst Johannes XXIII. angedeutet mit dem Wort *aggiornamento* und durch die erläuternde Geste, die ihn auf die Frage nach der Bedeutung dieses *aggiornamento* zum Fenster eilen ließ, um dieses zu öffnen. Vielleicht müssen wir ein neues Feingefühl für diese inkarnatorische Identität »in der Welt« und »ohne Verweltlichung« kultivieren. Dazu brauchen wir uns weder exotisch-mittelalterlich einzukleiden, um unsere Liturgien zu feiern, noch im Trendshop maßgeschneiderte Anzüge für gesellschaftliche Auftritte in katholischen Akademien zu erstehen. Vielleicht ist es gut, uns in diesem Zusammenhang an den sogenannten Katakombenpakt zu erinnern, in dem, schon fast am Ende des Konzils, 40 Bischöfe versprachen »so zu leben, wie die Menschen um uns her üblicherweise leben, im Hinblick auf Wohnung, Essen, Verkehrsmittel und alle, was sich daraus ergibt (vgl. Mt 5,3; 6,33–34; 8,20)«.

Das Konzil hat diese Versuche eines Kirchenverständnisses *versus populum*, um das es beim *aggiornamento* geht, stammelnd mit Worten beschrieben wie »Anpassung« (SC 37–38; GS 514), »Autonomie der irdischen Dinge« (GS 36; 56) und der Kulturen, »Zeichen der Zeit« (GS 4; 11) und »Dialog« (CD 13; UR 4), »Inkarnation« und »Solidarität« (GS 32). Auf seinem pastoraltheologischen Weg hat Lateinamerika diese Schlüsselwörter übersetzt als »Option für die Armen« und »Befreiung« in *Medellín* (1968), als »Mitbeteiligung«, »Annahme der Kulturen« und »Basisgemeinden« in *Puebla* (1979), als »Inkulturation« in *Santo Domingo* (1992) und als »Mission«, »Zeugnis« und »Diakonie« einer samaritanischen Kirche, die Rechtsanwältin der Gerechtigkeit und der Armen ist, in *Aparecida* (2007). Keines dieser Leitworte beschreibt die Totalität des mit dem II. Vatikanum vorgegebenen Projekts, aber insgesamt stellen sie eine Synthese dessen dar, was das Konzil sein wollte: ein Leuchtturm, der das Licht Christi inmitten der Menschheit und der Welt ausstrahlt und die Menschen ermutigt, den so beleuchteten Weg zu gehen.

Diese Interpretation des *aggiornamento* war möglich, weil sich das

Konzil, wie so oft in der Kirchengeschichte, auf eine in sich widersprüchliche Formel geeinigt hat, die man etwa so zusammenfassen könnte:

- Mission, als Glaubensangebot, ist weiterhin notwendig, weil sich an der Wahrheitsfrage ja nichts geändert hat,
- aber Menschen können auch aufgrund der Barmherzigkeit Gottes ohne die explizite Eingliederung in die katholische Kirche das ewige Heil erlangen.

## 3. *Nachkonziliare Herausforderungen: kulturelle Umbrüche und Krisen*

Daraus ergibt sich die neue Perspektive der nachkonziliaren Mission. Sie kann mit den Worten Dialog und Diakonie annähernd beschrieben werden: »Wir müssen Brüder der Menschen werden in demselben Augenblick, wo wir ihre Hirten, Väter und Lehrer sein wollen. Das Klima des Dialogs ist die Freundschaft, ja der Dienst. An all das müssen wir uns erinnern und uns bemühen, es in die Tat umzusetzen, nach dem Beispiel und Gebot, das Christus uns hinterließ (vgl. Joh 13,14–17)« (ES 49). All dies hat ja nichts mit Verweltlichung oder Vernachlässigung der Verkündigung zu tun. Dieser Einwand wurde schon während des Konzils erhoben, das, so behaupteten gewisse Sektoren, sehr nachsichtig mit relativierenden Zeitströmungen und kontingenten Modeerscheinungen verfahren sei. Papst Paul VI. hat auf diesen Vorwurf in seiner Ansprache während der letzten öffentlichen Sitzung des II. Ökumenischen Vatikanischen Konzils am 7. Dezember 1965 geantwortet: »Es könnte jemand sagen, dass das Konzil, mehr als mit göttlichen Wahrheiten, sich hauptsächlich mit der Kirche befasst hat, mit ihrer Natur, mit ihrer Struktur, mit ihrer ökumenischen Berufung, mit ihren apostolischen und missionarischen Aktivitäten. [...] Wir aber möchten dazu bemerken, dass die Religion unseres Konzils vor allem die Liebe war. [...] Die Religion, die Kult Gottes ist, der Mensch sein wollte, und die Religion, die Kult des Menschen ist, der Gott sein wollte, haben sich getroffen. Was geschah? Streit, Richtungskämpfe, Ausschluss? Das alles hätte passieren können, aber es ist tatsächlich nicht so gekommen. Jene alte Geschichte des guten Samariters war Beispiel und Norm, nach denen sich unser Konzil ausgerichtet hat. [...] Die Kirche hat in einer zugänglichen und freundlichen Sprache, die Ausdruck der Liebe ist, gesprochen. [...] Der Reichtum der Lehre ist allein daraufhin ausgerichtet: in allen Lebensumständen den Menschen zu dienen, in all seinen Schwächen, in all seinen Notwendigkeiten. Die Kirche hat sich gleichsam zur Sklavin der Menschheit erklärt [...]; die Idee des Dienens hat den zentralen Platz eingenommen.«[13] Die II. Generalversammlung des Lateinamerikanischen Episkopates hat diese Worte von Paul VI. den Beschlüssen von Medellín in ihrer »Einleitung« (DM 1) vorangestellt, als wollte sie den zu erwartenden Kritikern sagen: »Wir sind nicht ›vom Wege abgekommen‹, wenn wir uns mit den Veränderungsprozessen Lateinamerikas im Lichte des Konzils auseinandersetzen.«

Mit den kulturellen Umbrüchen der Nachkonzilszeit, die zu einem Rückgang der Zahl der offiziell erfassten Gläubigen und zu einer Krise kirchlicher Berufungen geführt haben, schien es immer notwendiger, die Ursachen für die rückläufigen Zahlen und die Schuldigen dafür auszumachen. Sollte vielleicht doch die vorkonziliare Missionspraxis mit der bündigen Antwort Franz Xavers, die ja, damit zusammenhängend oder nicht, einherging mit vollen Kirchen und zu einem linearen Zuwachs an Getauften geführt hatte, sollte nicht diese Missionspraxis wiederaufgenommen werden? Deutschland, Frankreich, Europa sind zu Missionsländern geworden. Die Einbrüche geschahen zunächst nicht in den sogenannten Missionsländern, in Übersee, sondern in den Mutterländern. War vielleicht doch das Konzil an allem schuld und hat dazu beigetragen, die Wahrheitsfrage zu relativieren?

Aber *Frankreich – Missionsland* von Abbé Henri Godin, dem Gründer der *Mission de Paris*, und Yvan Daniel wurde schon 1942 geschrieben und hat mit dazu beigetragen, die Welt wahrzunehmen, wie sie ist. Vor dem Hintergrund vieler vorkonziliarer pastoraler Projekte der Inkulturation (Arbeiterpriester, Charles de Foucauld, *Mission de France*, JOC und JEC, liturgische Bewegung), die auf ganz konkrete Nöte eine Antwort zu geben versuchten, wird der pastorale Anachronismus der letzten Jahre sehr deutlich, der dann in die Fragestellung mündete: »Können wir vielleicht doch, ohne Strukturwandel und unter den alten Bedingungen, den kirchlichen Exodus stoppen?«

In Welt und Kirche geht heute vieles nicht einfach so weiter wie bisher. »Freude und Hoffnung« (*Gaudium et spes*), wie sie die Pastoralkonstitution des II. Vatikanums der »Kirche in der Welt dieser Zeit« mit auf den Weg gegeben hat, scheinen von einem diffusen Krisenbewusstsein überlagert zu sein. Im Jahr 2011 sind 126.488 Menschen in der Bundesrepublik Deutschland aus sehr verschiedenen Gründen aus der katholischen

---

[13] Papst Paul VI. 1965.

Kirche ausgetreten. In Brasilien geht die Zahl der Katholiken jährlich um ein Prozent im Verhältnis zur Gesamtbevölkerung zurück. Und mancher, der heute seinen Glauben ernsthaft leben möchte, fragt sich, ob nicht auch er die Reste seines Glaubens in eine Zone ohne kirchlichen Zugriff hinüberretten soll.

Wir nehmen den harten Kern dieser Krise ernst: Missbrauch von Kindern, Fragen der Sexualität, die Rolle der Frauen in der Kirche, administrativer Zentralismus, sakramentaler Rigorismus, Gemeinden ohne Eucharistie, ein theologischer Graben zwischen Laien und Priestern, Säkularisierung und Relativismus. All die damit verbundenen Fragen sind dringend und können nicht auf Talkshows beantwortet werden. Bei Dialogprogrammen, die solche Fragen angehen, darf man voraussetzen, dass sie nicht nur taktischer Natur sind, um aufgestauten Dampf abzulassen, sondern dass dahinter eine reale Bereitschaft zu pastoraler Erneuerung steht.

Aber die Ortskirche bewegt sich bei der Lösung der meisten hier angeführten Krisenphänomene in einem sehr engen Entscheidungsrahmen. Die jeweils höhere Kircheninstanz weist gar häufig auf »endgültige Entscheidungen des Lehramtes« hin oder aber auf eine Gesamtkompetenz der Weltkirche, und damit ist dann die römische Kurie gemeint, sodass der Ortskirche die Entscheidungsbefugnis entzogen ist. Wenn aber allen Ortskirchen die Entscheidungsbefugnis entzogen ist, dann gibt es auch keine Weltkirche, die entscheiden könnte. Diese Frage wurde besonders intensiv diskutiert, nachdem das Dokument der Glaubenskongregation *Über einige Aspekte der Kirche als Communio* (CN) innerkirchlich sehr kontrovers aufgenommen worden war. Auch die römische Kirche ist eine Ortskirche, wie die deutsche und brasilianische. Der Dialog kann durch Entscheidungsverbote zu Nikodemusgesprächen hinter vorgehaltener Hand gerinnen.

In *Aparecida* gab es Sektoren, die versucht haben, dem politisch-kulturellen Trend der Abwanderungen und der lehramtlichen Tendenz der Unbeweglichkeit Mission als Dammbau und Heimholungsstrategie entgegenzusetzen. Die unterschwellig vorgegebene Losung lautete etwa so:
- wir verändern keine Strukturen, weil uns das die römische Kurie nicht erlaubt;
- wir setzen mit Rom auf die charismatischen Bewegungen, ihren Enthusiasmus, ihre kirchliche Loyalität (Gehorsam, Unterordnung), ihre deduktive Pastoral, ihre theologische Schwerfälligkeit, auf ihren Fundamentalismus *light* in Gestalt eines expliziten Vorsehungsglaubens (Gott kann ja alles!);

- wir rufen zunächst eine kontinentale Mission aus und appellieren (weil man sich ja nicht nur auf die »Movimentos« [Bewegungen] verlassen sollte) an das missionarische Wesen der Kirche, das jedem Getauften eingeboren ist und das ihn befähigt zu einem religiösen Virtuosentum, wie es von Max Weber beschrieben wurde;
- schließlich machen wir ein Auge zu, wenn in unkontrollierbaren Zonen im Landesinnern, die der Öffentlichkeit nicht auf Schritt und Tritt ausgesetzt sind, dann doch bisweilen etwas außerhalb der buchstabengetreuen Legalität agiert werden sollte. Schließlich gilt ja auch an den verschiedenen Peripherien des Weltsystems, was der letzte Paragraph des kanonischen Rechtes etwas halbherzig zugesteht, nämlich dass »in der Kirche immer die Rettung der Seelen das oberste Gesetz sein muss« (Can. 1752).

## 4. *Missionarische Bringschuld*

Einer missionarischen Tätigkeit, die auf funktionale Machbarkeit setzt und die historischen Bedingungen ihrer Möglichkeit nicht hinreichend bedenkt, wird kaum Erfolg beschieden sein. Aber auch von einer strukturellen Ämterreform, die dem Evangelium und einer Ekklesiologie des Volkes Gottes gemäßer wäre, könnte unter den kulturellen Voraussetzungen der Moderne keine neue flächendeckende Katholizität oder neue Christenheit erwartet werden.

Was dürfen wir also nicht erwarten und was dürfen wir missionarischem Einsatz nicht anlasten? Es wird auch in Zukunft nicht jene Virtuosenfrömmigkeit geben, die jeden Getauften in einen unermüdlichen missionarischen Jünger verwandelt. Es wird auch keine politischen Massenbekehrungen geben, die von der jeweiligen Staatsspitze her oder von einer neuen Missionspredigt in Gang gebracht werden könnten. Auch fundamentalistische Wellen, die dem geringsten Glaubenszweifel mit kindlicher Wortgläubigkeit, mit Buchstabentreue oder mit der Allmacht der Vorsehung begegnen, werden kaum zwei Generationen überdauern.

Das bedeutet jedoch nicht, dass Mission fürderhin keinen Sinn hat, dass jeder mit seinem Gott allein bleiben soll bzw. jeder seinen »eigenen Gott« hat. Es kann auch nicht bedeuten, dass im Grunde alle Religionen gleich sind. Sie sind gleich im Recht auf Anerkennung, nicht aber in ihren inhaltlichen Sinnangeboten und Lebensprojekten.

Welche Sinnangebote stehen heute einer christlichen Mission zur Verfügung?

Dialog, Sozialarbeit, Friedensarbeit, doktrinäre Klarstellungen, pastorale Gastfreundschaft und Pflege von Spiritualität – all das kann unter der Rubrik »fragmentarische Gegenströmungen gegen Abwanderung« verhandelt werden. Das alles reicht aber nicht aus, um dem Paradigma »Mission« neuen Boden unter den Füßen zu geben, es also neu zu begründen. Um die semantische Nähe von Mission, Glaubenspropaganda und Produktwerbung zu vermeiden, denen es ja oft in parallelen Anstrengungen hauptsächlich um Wachstum ging, wurde durch die nach dem Konzil durchgeführte Kurienreform vom 15. August 1967 die für Mission zuständige Kurienbehörde, die sogenannte *Propaganda Fide*, die Kongregation für die Verbreitung des Glaubens, umbenannt in »Kongregation für die Evangelisierung der Völker«. Aber es genügt nicht, nur die Namensschilder auszuwechseln. Unter den heutigen soziologischen Bedingungen muss dieses »für die Evangelisierung der Völker« wohl als »Evangelisierung unter den Völkern« verstanden werden. Nachdem Mission schon lange aufgehört hat eine Einbahnstraße zu sein, ist aus dem Hinweg *ad gentes* schon längst ein Hin- und Herweg *inter gentes* geworden. Nicht nur Frankreich, ganz Europa und selbst das katholische Lateinamerika sind Missionsland geworden.

Was heißt das für ein nach-christenheitliches Jahrtausend? Wir dürfen uns nicht wundern, wenn sich die Zahlen der Christen und Katholiken auf ein Niveau einpendeln, das der Entkoppelung von Kirche und Staat und dem pluralen und demokratischen Prinzip der Religionsfreiheit entspricht. Es geht also nicht darum, sich mit aller Gewalt gegen die zahlenmäßige Einpendelung zu stemmen. Es geht auch nicht in erster Linie um die Abwanderung von Gläubigen, sondern um die Abwanderung von Glaubwürdigkeit.

Die zwei Imperative missionarischer Existenz des Volkes Gottes lauten: Sei kohärent mit dem Wort Gottes, das du verkündest, und mit der historischen Glaubenserfahrung der kirchlichen Gemeinschaft, der du angehörst. Sei aus dieser Kohärenz heraus vor allem für die Menschen relevant, die an den Rändern der Gesellschaft leben!

Das Reich Gottes, das du verkündigst, ist nicht gleichgültig gegenüber den Welthandelspreisen, nicht gleichgültig gegenüber dem Grauen und Terror irdischer Ungerechtigkeit und Unfreiheit, die das Antlitz des Menschen und der Erde zerstören. Mission ist das »Bewusstsein für die weltweit verletzte Solidarität, ein Bewusstsein von dem, was fehlt, von dem, was zum Himmel schreit«[14], und sie ist gleichzeitig ein universaler Auf-

[14] Habermas 2008, 30–31.

trag, in das Räderwerk kristallisierter Ungleichheit und ökologischer Zerstörungswut einzugreifen. Daher ist Mission höchst politisch und erinnert uns daran, dass die Reich-Gottes-Botschaft das Zentrum der Verkündigung Jesu ist, dass die Armen in die Mitte gehören, dass Gott zur Welt kommen will und dass er nicht nur in unserer Kirche zu Hause ist.

Und doch ist er in unserer Kirche zu Hause, wenn sie das Haus der Armen, die Rechtsanwältin der Mühselig-Beladenen und eine Gemeinde der Hoffnung ist. Unsere Hoffnung ist risikoreich wie unser Glaube. Wir hoffen auf ein Glück, das nicht mit dem Unglück anderer bezahlt wird, auf eine Freude, die nicht das Privatvergnügen oder Privileg kleiner Gruppen sein kann. Diese Hoffnung ist gleichzeitig historisch und eschatologisch. Wir stehen auf und hoffen auf Auferstehung. Alle sollen zu ihrem Recht kommen und Gerechtigkeit erfahren. Durch erkannte und anerkannte Schuld, durch Bekehrung und Umkehr, in prophetischem Wagnis kann das Leben *weiter*gehen.

# II. Weltbrand. Zur Theologie der Guaraní Kaiowá

Das mythische Universum der Guaraní ist wie der Gang von einer geheimnisvollen Höhle zur anderen, und je tiefer wir hineingehen, desto deutlicher wird die Ahnung einer versprochenen Lichtung im »Land ohne Übel«. Aber das Geheimnis lichtet sich nicht. Gerade da, wo der Mythos in die Geschichte Eingang findet und wo seine Strukturen durchschaut werden, bleibt der Ausgang der Geschichte völlig offen.

## 1. *Eigenart des Mythos*

Menschen erzählen bis heute in Mythen von ihrem Ursprung und von den Anfängen ihrer Kultur. Und sie erzählen diese Mythen am spannendsten in jenen Kulturen, die ihre Mythen nicht durch Rationalisierungsprozesse oder durch die Verschriftlichung normativer Offenbarung stillgelegt haben. Mythen in Erzählkulturen sind unermüdlich in ihren hermeneutischen Möglichkeiten. Wo immer sie erzählt oder gelesen werden, beginnt ein neues Spiel mit alten Karten und unbekanntem Ausgang.

Mythos und Logos sind komplementäre Weltsichten. Sie repräsentieren spezifische und begrenzte Lösungsversuche, Lebensprojekte in Worte zu fassen. »Unter uns«, meint Lévi-Strauss, »überschwemmen die positiven Kenntnisse dermaßen die Vorstellungskraft, sodass [...] als einziger Rekurs die Rückkehr zum Mythos bleibt«.[15] Die Phänomene der Quantenphysik sind uns ebenso fremd wie die fantastischsten mythischen Erfindungen. Selbst Freud, der sich durch Religionen nicht verunsichern ließ, musste beim Mythos (Ödipuskomplex!) Anleihen machen, um das Grunddrama unserer Zivilisation zu erklären. Auch die wissenschaftlichen Karten müssen immer wieder neu gemischt und verteilt werden und auch der Ausgang dieses Spiels bleibt offen. Wissenschaftler, die auf ihre Weise den Anfängen der Menschheit nahezukommen versuchen, können ihre Erkenntnisse nur über Zahlen von unvorstellbarer Größenordnung, über Bilder und Mythen vermitteln, etwa wenn sie vom *Big Bang* oder von Schrödingers Katze sprechen. »Auf ganz unerwartete Weise ist es der Dialog mit der Wissenschaft, der das mythische Denken neu aktuali-

[15] Lévi-Strauss 1993, 10.

siert.«[16] Wissenschaft und Geschichte sind die Summe vieler kontingenter Geschichten. Es ist kein Telos einer diesen Geschichten vorgelagerten Universalgeschichte wissenschaftlich auszumachen.

Wenn wir von Schöpfungsmythen der Eingeborenenkulturen sprechen, so gehen wir also davon aus, dass diese Mythen, trotz bleibender Grundstrukturen, immer wieder anders erzählt werden können. Sie sind auf ihre Weise *speech acts*. Im Akt der Erzählung reflektieren sie auf dem bleibenden mythologischen Hintergrund neue Realitäten. Die Teilnehmer solcher Re-Inszenierungen, Re-Aktualisierungen und Re-Präsentationen in Wort, Gesang und Tanz begegnen dabei ihren Ahnen und geben dadurch ihrem Ursprung eine auf die Gegenwart bezogene Interpretation.

## 2. *Die Welt der Guaraní*

Religion und Überlieferungstradition der Guaraní wurden wohl durch die Kolonialgeschichte beeinflusst, aber auf Grund der guaranitischen Arkandisziplin nicht wesentlich verändert. Bei der Vielzahl indigener Stämme und Mythen Südamerikas gibt es Konvergenzen und Unterschiede. So ist es auch innerhalb der Makroethnie der Guaraní, die zur Sprachfamilie der Tupi-Guaraní mit ca. 40 noch heute lebendigen Sprachen und Sprechweisen gehört. Seit der Conquista wurde das, was von ihrer Kultur an die Oberfläche drang, vielfach beschrieben.[17]

Die Makroethnie der Guaraní, die heute etwa 40 000 Personen umfasst, besteht aus vier Untergruppen, die in Brasilien, Paraguay und Bolivien leben: Kaiowá (oder Pai-Tavyterã in Paraguay), Nhandeva (in Brasilien, in Paraguay werden sie Chiripá genannt), Mbyá (in Brasilien, Paraguay) und Chiriguano (in Bolivien).[18] Die Zahl der in Brasilien beheimateten Guaraní wird auf etwa 30 000 geschätzt, die in sieben verschiedenen Bundesstaaten leben.[19] Ethnohistoriker stimmen darin überein, dass die Guaraní vor etwa 3000 Jahren aus dem Amazonasgebiet ausgewandert sind und sich über Bolivien, Paraguay, Argentinien und Brasilien verstreut niedergelassen haben. Heute sind sie vor allem bedroht durch

[16] Ders., 12.

[17] Ich halte mich im Großen und Ganzen an die Beschreibung von Nimuendajú, habe aber auch andere Autoren im Blick, wie Cadogan 1997; Schaden 1974; Melià 1989a, 325–327; Oliveira Montardo 2009.

[18] Die Apapocúva-Guaraní, deren Schöpfungsgeschichte die Hauptquelle dieses Textes ist, gehören zur Gruppe der Nhandeva.

[19] Die Mehrheit lebt im Bundesstaat Mato Grosso do Sul, Minderheiten in Rio Grande do Sul, Santa Catarina, Paraná, São Paulo, Rio de Janeiro und Espírito Santo.

den Kahlschlag ihrer Wälder, durch die Monokultur (Sojabohnen und Zuckerrohr), durch einen sich über die letzten Jahrhunderte hinziehenden Landraub und durch Stacheldraht, der sie auf engem Raum zusammenpfercht. Die Kaiowá Guaraní sind auf paradigmatische Weise die Opfer des brasilianischen Fortschritts. Für sie hat sich nicht einmal »eine bessere Gesellschaft aus einer weniger guten verwirklicht«, wie das noch Horkheimer als den Gang der Geschichte bezeichnet hat, sondern das genaue Gegenteil. Sie repräsentieren die Gegenwart der Geschichte, die »über das Leiden und Elend der Individuen führt«. Dafür gibt es »eine Reihe von erklärenden Zusammenhängen, aber keinen rechtfertigenden Sinn«.[20]

Und doch halten diese Guaraní an den Sinnreserven ihrer Ursprungsgeschichte fest, die sie bei Gesang, Tanz und Gebet täglich in schamanistischen Ritualen erneuern. Zum Leben der Guaraní gehört religiöse Erfahrung. Die Beziehung zum Göttlichen ist etwas Alltägliches. Sie wird aufrechterhalten oder wiederhergestellt durch Gesang, Tanz, Heilungsriten und prophetische Rede. Hinter diesen verblassen dogmatische Glaubensinhalte. Leben und Religion sind verschmolzen in Erfahrungen und Geschichten, nicht in Konzepten. Der Faden, der die Welt der Guaraní mit der Welt der göttlichen Ahnen verbindet, reißt nie ab. Die Rituale, die sie täglich zur Begegnung mit ihrem Ursprung führen, sind die Garantie für ihre kulturelle Kontinuität und, wie sie verallgemeinernd sagen, für die Kontinuität des Lebens auf der Erde.

Gesänge und Riten begleiten sie mit dem rhythmischen Schlag der Takuapu auf den Boden. Die Takuapu, ein etwa 1,10 m langer Bambusstock, ist den Frauen vorbehalten. Ihr rhythmisch-leiser Ton wird heute noch begleitet von dem männlichen Instrument, der Mbaraka, einer mit Samen angefüllten Rassel.[21] Takuapu und Mbraka öffnen schon im Mythos und dann im ritualisierten Alltag bis heute einen Weg in eine andere, jenseitige Welt. Die Guaraní erlernen die Melodien ihrer Musik in Träumen, im Hinhören auf Vögel, Wasserfälle und auf Geräusche aus den Wäldern. Riten der Guaraní sind dialogische Ereignisse, Wanderschaften von einem Hier nach einem Dort und von einem Dort nach einem Hier, das nicht einfach mit unserem Oben und Unten verwechselt werden darf. Die Guaraní gehen von hier nach dort und die göttlichen Ahnen und ihre Boten kommen von dort nach hier. In diesem Kommen und Gehen bre-

---

[20] Horkheimer 1930, 92.

[21] Bei den Mbyá und den Nhandeva (Chiripá) kann Mbaraka auch Gitarre bedeuten. Siehe Oliveira Montardo 2009, 281.

chen sich immer wieder ein widerständiger Optimismus und ein realistischer Pessimismus Bahn, die die Guaraní auszeichnen und am Leben halten. In Brasilien, so erzählen sie, »passiert nicht das große Unglück, weil die Guaraní diesem Land Sicherheit garantieren, indem sie zu Ñanderu beten und ihn anrufen, damit er diese Welt aufrechterhält. Ñanderu lässt nichts Widerwärtiges zu. In anderen Regionen der Erde passiert viel Unheil durch Feuer, Überschwemmung, Wirbelstürme und was sonst noch alles. Warum ist dies so? Weil es dort keine Guaraní gibt. Der Guaraní ist wie ein Rettungsring: eine Garantie, dafür, dass die Welt nicht abstürzt. Wenn ich Präsident der Weißen wäre, würde ich viele Guaraní hierher kommen lassen als Unterpfand dafür, dass die Welt nicht untergeht«.[22]

Die Religion der Guaraní von heute ist die Fortsetzung ihrer vorkolonialen Religion. Missionarischer Eifer ist bei ihnen auf Gelassenheit gestoßen und meist sehr beharrlich unterlaufen worden. Curt Nimuendajú erzählt dazu folgende bedeutsame Episode.[23] Er begleitete 1902 seinen Adoptivvater, den religiös-politisch Verantwortlichen seines Guaraní-Dorfes, zum Gouverneur von São Paulo. Auf die Frage, wie er mit den verschiedenen Religionen zurechtkomme, antwortete der Guaraní etwa so: »Da kommt der (katholische) Pater zu mir ins Dorf und ich empfange ihn, so gut ich kann, und lasse ein Huhn für ihn schlachten und abends ein Lager für ihn machen. Und am anderen Morgen erzählt er, was er weiß, dieses und jenes, und wenn er fertig ist, sage ich: ›Sim, Senhor, jawohl, mein Herr‹, und er ist zufrieden und geht weg und sagt: ›Der Häuptling, ja, das ist ein guter Häuptling!‹ – Und wenn der (protestantische) ›Minister‹ kommt, so lasse ich auch für ihn ein Huhn schlachten (wenn ich eins habe), und Honig im Wald holen, weil wir keinen Zucker haben, und er erzählt dann auch seine Geschichte, und ich höre es und sage darauf: ›Sim Senhor Ministro.‹ Und dann ist er zufrieden und sagt: ›Der ja, der ist ein rechter Häuptling!‹ Und so behandle ich sie alle.«[24]

Die Guaraní verbergen ihre Religion soweit wie möglich, und alle gegen sie gerichteten Angriffe versuchen sie »mit dem Schild eines Schein-Christentums« abzufangen: »Wie Heine Christ wurde, um unge-

---

22 Ebd., 13.

23 Der Hauptzeuge der Ursprungsmythen der Guaraní ist Curt Unkel Nimuendajú, ein in Jena 1883 geborener Ethnologe, der von den Guaraní rituell in den Stamm der Apapokúva aufgenommen wurde und von ihnen seinen Namen Nimuendajú erhielt, der laut Aryon Rodrigues bedeutet: »Jener, der seinen Wohnsitz festgelegt hat.« Vgl. Nimuendajú Unkel 1914, 284–403.

24 Ebd., 301.

stört Jude bleiben zu können, so lässt sich auch der Guaraní [...] taufen.« Eine andere List, um die vernichtende Anklage, Heiden zu sein, zurückzuweisen, sei »der Hinweis auf das Kreuz, welches hoch und groß, oft in mehreren Exemplaren vor, in und auf dem Tanzhaus sowie häufig auch auf den Gräbern steht. Die Figuren der Zwillingsbrüder Ñanderyqueý und Tyvýry, so erklärt er dem neugierigen Christen, sind ›santos‹, Heilige, und wenn der Besucher niest, so sagt er ›Deus lhe ajude!‹, helf Gott! und vor jedem Satz ruft er ›Nossa Senhora‹, die Mutter Gottes, an, so daß sich schließlich der Besucher beschämt eingesteht, daß dieses verfluchte Viehzeug doch schon riesige Fortschritte auf dem Wege zur Menschwerdung gemacht hat.«[25]

Unter widrigen Lebensbedingungen hat sich der Schöpfungsmythos der Guaraní mit dem Kampf ums Überleben verbündet und durchgesetzt. Die Religion der Guaraní, so meint Melià, kann verstanden werden als in Gesang und Tanz sakramentalisierte Inspiration unter der Führung eines Propheten oder Schamanen auf der Suche nach dem »Land ohne Übel«.[26]

Zwischen Propheten und Schamanen besteht ein großer Unterschied.[27] Die Propheten (*karaí*) der Guaraní, so wie sie in der anthropologischen Literatur beschrieben wurden, sind weder Priester noch Heiler. Sie sind Männer des Diskurses, unablässig unterwegs von einem Dorf zum anderen. Obwohl die Dorfgemeinschaften oft im Kriegszustand untereinander lebten, hatten die *karai* überallhin freien Zugang. Während bei den Tupi-Guaraní die patrilineare Abstammung für die ethnische Zugehörigkeit bestimmend ist, behaupteten die Propheten, keinen irdischen Vater zu haben, sondern von einer Frau und einer Gottheit abzustammen. Daher gehörten sie zu keiner und gleichzeitig zu allen Guaraní-Gemeinschaften. In ihrem prophetischen Diskurs, der stets faszinierte Zuhörer fand, schlugen sie den Bruch mit der gegenwärtigen Ordnung und einer verdorbenen Welt vor und luden zum Aufbruch nach dem »Land ohne Übel« ein.

Die Schamanen (*pajé*) dagegen sind Heiler und haben ihren Sitz und ihre zentrale Aufgabe im Leben eines Dorfes. Sie wissen, dass man unter den prekären Bedingungen dieser Welt den Kontakt mit den entschwundenen Ahnen nicht verlieren darf. Schamanen halten den Weg zu den Ahnen und zum Übernatürlichen offen. Krankheiten haben für die Guaraní keine natürlichen, sondern übernatürliche Ursachen. Sie sind Ausdruck einer ununterbrochenen Präsenz und Intervention des Übernatürli-

---

25 Ebd., 300.

26 Melià $^{2}$1988, 162.

27 Vgl. Clastres 2004, 134ff.

chen. Ein Schlangenbiss, ein Blitz oder eine Sternschnuppe, eine schwere Krankheit oder ein unerwarteter Tod, alles kann auf Geister des Urwaldes, Seelen der Toten, Einwirkung der Schamanen, böse Nachbarn, auf die nicht korrekte Einhaltung kultureller Vorschriften, auf den Einfluss von Dämonen oder göttlichen Zorn zurückgeführt werden. Es gibt keine Autonomie des Diesseits.

In die kranke Welt, bedroht von der Trennung von Körper und Seele, wie sie beim Tod geschieht, muss der Schamane Ordnung bringen. Die bedrohenden Einflüsse wird er durch seinen ekstatischen Zugang zum Jenseits identifizieren, die gefangene Seele befreien und aufs Neue, durch Tanz, Gesang, Gesten und verbale Kämpfe mit dem »Feind«, die Einheit zwischen Leib und Seele herstellen.[28] Es gibt kaum einen Unterschied zwischen kosmologisch-transzendenten und sozialen Regeln und Strukturen. Die symbolische Sprache artikuliert sich gleichzeitig in einem metaphysisch-abstrakten und einem rituell-konkreten Ton. Beim Misserfolg seiner Heilungspraktiken kann der Schamane selbst als der Verursacher der Krankheiten identifiziert und von seinem Stamm mit dem Tod bedroht und auch tatsächlich getötet werden. Dabei haben die Guaraní, so berichtet Nimuendajú, »viel mehr Angst vor den Toten als vor dem Tode. Wenn sie sich erst einmal überzeugt haben, daß das Ende wirklich da ist, so sind sie [...] von bewunderungswürdiger Kaltblütigkeit. [...] Den Guaraní schreckt kein Fegefeuer und keine Hölle und über die Bestimmung, welcher seine Seele nach dem Tode verfällt, ist er sich, über jeden Zweifel erhaben, im Klaren. Der Sterbende gibt also mit der größten Sachlichkeit seinen Hinterbleibenden die letzten Anordnungen, welche pünktlichst befolgt werden, singt, bis die Stimme bricht, seinen Medizingesang [...]. Er muß nicht nur, sondern er will auch sterben, und zwar möglichst rasch. Auch die Trennung von seinen Lieben fällt nicht so schwer ins Gewicht, da ihm der Wiedergeburtsglaube in Aussicht stellt, nach einiger Zeit wieder unter ihnen weilen zu dürfen«.[29]

Die Trennung von den Angehörigen fällt nicht sehr schwer. Es beginnt ja nur eine neue Wanderschaft mit einigen Gefahren, die normalerweise bestanden werden und die Seele zur Ruhe kommen lassen. Die früher Verstorbenen erwarten und »umringen den Ankömmling [...] und lassen ihn nicht mehr weiter ziehen. Er muß bei ihnen bleiben und lebt dort mehr oder weniger gerade so wie auf der Erde«.[30]

---

28 Nach dem Tode zerfällt die Seele in ihre beiden Bestandteile. Vgl. Nimuendajú Unkel 1914, 308, 314; auch Cadogan 1997, 301.

29 Nimuendajú Unkel 1914, 307.

30 Ebd., 309.

Obwohl im vergangenen Jahrhundert und auch heute noch immer wieder ganze Stämme der Guaraní aussterben, ausgerottet wurden oder vom Tode bedroht sind, so herrscht doch unter den Überlebenden ein großes Vertrauen in jenes Leben, in dem natürliches und übernatürliches Leben nahezu ungetrennt koexistieren. Sie vertrauen auf ihren Gesang, auf ihren Tanz, auf ihr Wort. Unter den Guaraní ist immer wieder zu hören: »Ohne den Gesang und den Tanz der Guaraní gibt es keine Überlebensmöglichkeit auf der Erde.« Religionsgemeinschaften haben es eben an sich, ihren Ursprung für den Ursprung der Menschheit zu halten und ihren Glauben und Beitrag zur Rettung der Welt als das alle Menschen rettende Werk zu verkünden.[31]

Wenn eine Glaubens- und Lebensgemeinschaft dies tut in einer Situation politischer und kultureller Verfolgung und Zerstörung, wie die Guaraní Kaiowá und Guaraní Ñandeva im Mato Grosso do Sul Brasiliens, dann muss diesem Glauben nicht nur Sympathie, sondern auch subjektive Authentizität zugesprochen werden, ganz im biblischen Sinne der Auserwählung der Schwachen und Törichten, um die Mächtigen und Weisen zu beschämen (vgl. 1 Kor 1,26–31). Die Schöpfungsmythen, die Träume vom Anfang und Ende der Menschheit sind, führen die Schwachen und die Mächtigen, noch vor jeglicher Aufspaltung in soziale Klassen und Kasten, auf den gleichen Ursprung zurück. Die rituelle Erneuerung und Erinnerung dieser Mythen sind der Heimweg zum Ursprung und Hinwege zur Zukunft in Gleichheit. In den rituellen Gesängen der Guaraní des 21. Jahrhunderts und in ihren Initiationsriten begegnen wir einer erinnernden Inszenierung des Ursprungs, aus dem heraus Gegenwart sinnvoll gelebt werden kann.

## 3. *Schöpfungsmythos*

Am Beginn des Schöpfungsprozesses der Welt der Guaraní steht Ñanderuvuzú, »Unser Großer Vater«. Wie in einer Wagnerschen Operninszenierung erscheint er auf der Bühne des Kosmos.[32] Mit einem strahlenden Licht in der Brust, das dem der Sonne ähnlich ist, entdeckt und zeigt er sich allein inmitten kosmischer Urfinsternis. Die Ewigen Fledermäuse

[31] Vgl. DI, Nr. 20–21.

[32] Bis zur Veröffentlichung von Nimuendajú (1914) war der mythologische Hintergrund der Guaraní-Kultur nahezu unbekannt. Die Gruppe, bei der er *Die Sagen von der Erschaffung und Vernichtung der Welt* gehört und aufgeschrieben hat, lebte in der Nähe von Bauru/SP. Heute existiert sie nicht mehr.

sind die Repräsentanten dieser Finsternis. Recht sparsam und zeitlos berichtet der Mythos, wie »Unser Großer Vater« auf zwei kreuzförmig verbundenen Balken der Erde ihren Anfang gibt und im Zentrum der Balken sein Haus errichtet. Das Ewige und nach Osten ausgerichtete Holzkreuz bildet bis heute die Stütze der Erde.

Dann tritt in der Erzählung des Mythos plötzlich ein dem Schöpfergott ähnlicher und doch untergeordneter Gehilfe in Szene, Ñanderú Mbaecuaá (»Unser Vater, der Kenner der Dinge«). »Lass uns eine Frau finden«, fordert Ñanderuvuzú und bringt dadurch seinen Gehilfen in Verlegenheit. »Wie sollen wir eine Frau finden«, antwortet er hilflos. »In der Schüssel«, entscheidet Ñanderuvuzú. Er macht eine Schüssel und verdeckt sie. Nach einer Weile gebietet er Mbaecuaá in der Schüssel nachzusehen. Und siehe da, er findet die Frau und bringt sie zu Ñanderuvuzú.

Im vormenschlichen Szenarium der Erde befinden sich jetzt also drei Akteure: Ñanderuvuzú (»Unser Großer Vater«), der ihm neben- und untergeordnete Ñanderú Mbaecuaá (»Unser Vater, der Kenner der Dinge«) und die Frau Ñandecý (»Unsere Mutter«). Ñandecý war ursprünglich ein erschaffenes, also ein menschliches und nicht ein vorgefundenes göttliches Wesen. Sie war die Gattin beider. Weil jeder seinen Sohn haben wollte, wird Ñandecý mit Zwillingen schwanger. Nach der Zeugung der Zwillinge verschwindet Ñanderú Mbaecuaá aus der Erzählung.

Ñanderuvuzú (»Unser Großer Vater«) ist nun alleine mit seiner Frau Ñandecý (»Unsere Mutter«). Ihr irdisches Zusammenleben wird nicht lange dauern. Ñanderuvuzú legt um sein Haus herum Pflanzungen an. Wo er den Wald rodet, wächst hinter ihm, ohne Arbeit, ein von selbst bestelltes Feld nach und trägt schon grünen Mais, als er nach Hause kommt. Ñanderuvuzú schickt seine schwangere Frau aufs Feld, um Mais zu holen. Diese will nicht glauben, dass schon Maiskolben vorhanden sind, und gereizt fügt sie hinzu, dass sie nicht durch Ñanderuvuzú, sondern durch Mbaecuaá schwanger sei.

Nachdem Ñandecý nun doch aufs Feld gegangen ist, gibt Ñanderuvuzú seiner Eifersucht Raum und verlässt die Frau. Er legt seinen Federschmuck an, nimmt die Tanzrassel und geht, um niemals wieder dauernd auf der Erde zu bleiben. An der Abzweigung seines Weges zum Himmel von dem, der zur Wohnung der Ur-Jaguare führt, steckt er ein Kreuz in den Boden und dreht dessen Arme so, dass sie den Weg, den er selbst genommen hat, versperren. So bleibt nur der Weg der Jaguare offen. Die Frau überlässt er ihrem Verhängnis. Als sie der Spur ihres Gatten folgen will, gelangt sie in das Reich der Jaguare, die den Tod repräsentieren, und wird von diesen gefressen. Die Zwillinge, die als Waisenkinder zur Welt kommen, werden auf wunderbare Weise gerettet. Sie wachsen im Haus der Jaguare heran und rächen sich, als sie erfahren, dass diese die Mörder ihrer Mutter sind.

Nanderyqueý, der ältere Zwilling, bemüht sich vergeblich, den Körper seiner Mutter aus den aufgefundenen Resten wiederherzustellen. Erst Ñanderuvuzú, »Unser Großer Vater«, der den »Hauch« von Ñandecý mitgenommen hat, gibt »ihr wieder Kraft«.[33] So lebt sie heute noch im fernen Osten, jenseits des Meeres, im »Land ohne Übel«. Ñanderuvuzú zeugt mit ihr Tupã. Er ist der Liebling der Mutter. Wenn sie einen Wunsch hat, lässt sie ihren Liebling rufen. Im äußersten Westen hat er seinen Sitz auf einem Apycá, dem Mittelstück eines Einbaums, der als Sitzbank dient. Sobald er die Botschaft der Mutter erhält, fährt er donnernd und blitzend über den Himmel hin nach Osten.

Die Zwillinge, Nanderyqueý und Tyvýry, gelten als die Zivilisationshelden der Guaraní-Kultur. Sie erfinden die Heilige Flöte und Tabak für die Rituale. Immer auf Wanderschaft, geben sie den Früchten, die sie sammeln, Namen; erfinden Fallen, um Tiere zu fangen; befreien sich von den Jaguaren; treffen auf ihresgleichen, Feinde und zukünftige Schwager und verheiraten sich; rauben den Aasgeiern das Feuer und geben es den Menschen.[34] Wo Kultur und Natur noch so eng verbunden sind, da erhält das Feuer nicht als Kennzeichen menschlicher Zivilisation, sondern erst als göttliches Zerstörungsinstrument seine Wichtigkeit. Durch rituelle Tänze und die Geräusche der Rassel – also in einem ekstatischen Zustand – treffen sich die Zwillinge mit ihrem Vater. Dieser, der Schöpfergott, überlässt ihnen, was er in der Hand hält: die Attribute des Schamanen. Dann verbirgt er sich aufs Neue in der fernsten Ferne. Die Regierung der Erde ist nicht seine Aufgabe. Die konkreten Regierungsgeschäfte der Erde hat er den Zwillingen übertragen.[35] Die Aufgabe der Zwillinge endet an einem großen Wasser. In einem Boot fährt Tupã sie zu Ñandecý, ihrer gemeinsamen Mutter. Ihr Aufenthalt in der Welt ist damit beendet. Nanderyqueý sorgt weiterhin für die Erde und hält die Erdstütze.

---

33 Nimuendajú Unkel 1914, 399.

34 Ebd., 326.

35 Cardogan $^{3}$1997, 49.

## 4. *Weltvernichtung durch Sintbrand und Sintflut*

Die Welt der Guaraní, die von den Zwillingen ausgestattet wurde, ist immer wieder bedroht. Diese Bedrohung und ihre Abwehr sind religiös vorgesehen, sind rituell und institutionell eingeplant, können aufgeschoben und doch nie ganz aus dem Horizont der Lebenswelt weggedacht werden. Die universale Brandkatastrophe im Zusammenhang mit einer Sintflut gehört nicht nur der Vergangenheit an. Beide tauchen auch als Prophezeiung immer wieder auf und bedrohen die Zukunft. Nun tritt wiederum Ñanderuvuzú in Erscheinung. Er ist der Schöpfer der Erde und wird sie, um eine neue Erde zu erschaffen, auch zerstören. Sein Haus ist von den Mächten der ewigen Nacht umlagert, aber, in seiner Hängematte liegend, strahlt er jenes Licht aus, welches ihm schon zu seinem Schöpferwerk leuchtete.

Am Firstbaum seines Hauses hängt die Ur-Fledermaus, welche die Sonne fressen wird. Der Menschenvernichter, der Blaue Jaguar, ein übernatürliches und unsterbliches Wesen, ruht unter der Hängematte des Schöpfers und eine große Schlange liegt am Eingang seines Hauses. Fledermaus, Blauer Jaguar und die große Schlange sind Dämonen der Nacht und würden die lichtspendenden Gestirne fressen, wenn Ñanderuvuzú sie nicht in seinem Haus zurückhielte oder sie, auf Bitten der Schamanen, nicht immer wieder zurückrufen würde. Die Eklipsen, die Verfinsterungen von Sonne und Mond, werden von den Guaraní den Fledermäusen als Repräsentanten der Finsternis oder dem Blauen Jaguar zugeschrieben.

Zwischen Weltschöpfung und Heimkehr der Weltbewohner ins »Land ohne Übel« fügt sich der Mythos von der Weltvernichtung durch Feuer und Flut. Ñanderuvuzú steigt zur Erde herab und teilt dem Schamanen Guyraypotý mit, dass es um die Erde schlecht bestellt sei und er sich durch seinen Medizintanz auf das Schlimmste vorbereiten solle. Vier lange Jahre tanzt Guyraypotý mit seinen Anhängern, doch dann macht sich der Donner des Verderbens von ferne vernehmbar: Die Erde stürzt vom Westen her ab.[36]

Bei der Erschaffung der Welt legte Ñanderuvuzú als Stütze der Erde kreuzförmig einen Balken in ostwestliche Richtung und einen zweiten darüber in nordsüdliche. Als die Erde vernichtet werden soll, fasst Nanderyqueý, der Sohn von Ñanderuvuzú und ältere Zwilling, das östliche Ende des unteren Balkens des Holzkreuzes und zieht ihn langsam in östliche Richtung. Dadurch verliert die Erde im Westen ihre Stütze. Vom

---

[36] Nimuendajú Unkel 1914, 332.

Westrand der Erde her beginnt der Erdbrand an ihrer Unterfläche zu fressen. Es brechen erste Flammen an der Oberfläche durch. Donnernd stürzen erste Teilstücke der Erde ab. Das Verderben schreitet vom Westen nach Osten zu fort.

Guyraypotý, der mit der Menschenrettung beauftragte Schamane, ist nach Osten gewandert, dem Meer entgegen. Am Gebirge des Meeres ist seine Wanderung zu Ende. Er baut ein Holzhaus. Die Kinder des Schamanen stellen das Haus fertig, beginnen zu tanzen, und dann kommt die Sintflut. Das Meer erhebt sich und stürzt auf das Gebirge herab, um die vom Sintbrand glühenden Erdbalken abzukühlen. Ñanderuvuzú soll ja über diesen Balken später eine neue Erde errichten können. Der Schamane macht den anderen Mut und ist selbst voller Tränen und Angst. Das Wasser steigt immer höher und sie können die Taquara nicht mehr auf den Boden stoßen. Ganz in Ekstase, begleitet von Tanzrassel und den Taquara-Schlägen gegen den Pfosten des Hauses, stimmt der Schamane den feierlichen Gesang des Neengarai an, so wie er es beim Morgengrauen des Tauftages eines jeden Neugeborenen gemacht hat. Da hebt sich das Haus vom Boden ab und schwimmt auf der Oberfläche des Wassers zum Himmel empor. Das Haus kommt gerade noch durch die Himmelspforte, um sich vor der Sintflut zu retten.[37]

Die Erzählung vom Weltuntergang (*mbaé meguá*) ist ein Lieblingsthema der Guaraní. Sie wird besonders attraktiv durch das Versprechen der Ankunft in einer paradiesischen Welt, wird aber auch bei jeder verdächtigen Naturerscheinung als Bedrohung erfahren. Der von Nimuendajú aufgezeichnete Schöpfungsmythos endet mit dem gastlichen und tröstenden Empfang im Haus von Ñandecý (»Unsere Mutter«): »Auf der Erde macht der Tod mit euch ein Ende. Geht nicht mehr hin, bleibt jetzt hier!«[38]

Eine solche Einladung kann den Glauben an eine historische Zukunft schwächen und zur Flucht ins Jenseits einladen. Nimuendajú spricht vom Pessimismus eines sterbenden Stammes. Damals wie heute fühlen sich die Guaraní an den Rand eines Wirtschaftssystems gedrängt, das auf Expansion, Akkumulation, Produktivität und Gewinnmaximierung setzt. Die Selbstmordquote unter den Guaraní Kaiowá im Mato Grosso do Sul ist hoch. Zwischen den Jahren 1986 und 2000 haben 337 Guaraní

---

[37] In anderen Erzählungen ihrer Mythen finden sich neben Sintbrand, Erdabsturz und Sintflut noch andere Elemente des Weltuntergangs. Da wird erzählt von der Ankunft des Blauen Jaguars, der die Menschen auffressen will, vom Sturz der Finsternis, der durch die Fledermäuse hervorgerufen wird, die Sonne und Mond auffressen.

[38] Nimuendajú Unkel 1914, 400.

Kaiowá, vor allem junge Leute in übervölkerten Gebieten, Selbstmord begangen. Wenn das letzte Wort gesprochen ist, hängt man sich einfach auf, mit dem Bändel einer Turnhose, am nächsten Baum. Die Aufteilung ihres Landes in kleinste Parzellen ist seit langem fester Bestandteil einer Politik der Umzingelung, damit der Rest des Landes für den Großgrundbesitz frei wird. Wer das Miniterritorium nicht akzeptierte, wurde einfach auf die Straße gesetzt.[39]

Die Kindersterblichkeit in diesen überfüllten Reservaten ist hoch. Kein Bundesstaat hat so viele Indios eingesperrt wie Mato Grosso do Sul. Im Indianerreservat Dourados/MS leben auf einem Grundstück von 3474 Hektar 11 000 Guaraní zusammengepfercht wie in einem Flüchtlingslager. Die Erde ernährt sie nicht mehr. Viele Guaraní Kaiowá sind daher gezwungen, durch Saisonarbeit auf Zuckerrohrplantagen ihre Familien zu ernähren. Im Agrobusiness des südlichen Mato Grosso wird der Mythos vom Erdbrand zur Geschichte. Durch die 40 geplanten Alkoholfabriken, von denen jede mindestens 30 000 Hektar Land in Zuckerrohrplantagen verwandelt, schlagen die Flammen eines vernichtenden Sintbrandes an die Hütten der Indios und reißen ihr Land, ihre Kultur, ihr *tekoá* in den Abgrund.[40]

## 5. *Wege zum »Land ohne Übel«*

Vor der großen Bedrängnis, welche die Guaraní heute erfahren, beginnt der Mythos historisch nicht mehr zu greifen und das »Land ohne Übel« scheint nur noch jenseitig vermittelbar zu sein. Über den Ort, wo sich das »Land ohne Übel« befindet, gingen die Meinungen zur Zeit Nimuendajús unter den Schamanen auseinander. Die einen suchten es am Zenith, zu dem der Körper, durch Fasten und Tanz leicht geworden, aufsteigt, um wie bei der Sintflut dann durch die Himmelspforte in das Paradies zu gelangen. Andere meinten, dass das »Land ohne Übel« im Mittelpunkt der Erdoberfläche liegen müsse, weil sich ja das Haus von Ñanderuvuzú am Kreuzungspunkt der Balken, welche die Erde abstützen, befindet. Dort befände sich auch das sich selbst und sofort pflanzende Feld. Ein blühendes Feld und reiche Ernten sind ja eine Voraussetzung für das Feiern.

---

39 Vgl. Cimi Regional MS 1999, 4.

40 Rabello 2006.

Zur Zeit der Conquista lebten die Guaraní ihren Alltag zwischen Fest und Feldarbeit, zwischen sesshaftem Überfluss und Askese, die mit der Migration in ein gutes Land und, wer weiß, in das »Land ohne Übel« verbunden war.[41] Krasse Armut verhindert Reziprozität und zerstört die guaranitische Seinsweise, ihre Kultur (*teko*), ihre Authentizität (*teko katu*) und ihr »Gut-Sein« (*teko porã*). Die Wanderungen der Guaraní haben, wenn die Erde verbraucht ist, ökologische Gründe. Bisweilen geht es um interne soziale Spannungen. Häufig bündelt sich dies alles im religiösen Grund der Furcht vor der Zerstörung der Welt und in der Suche nach dem »Land ohne Übel«, wo man wieder richtig und ständig feiern kann.[42] Als die ersten Missionare die Feste verboten haben, da hörten die Guaraní auf, ihre Felder zu bestellen. In der Welt der Guaraní lebt man nicht, um zu arbeiten, sondern man arbeitet, um zu leben.

Das Fest ist, ähnlich wie die Migration, eine Bedingung für soziale Gleichheit. Beim Fest wird der »göttliche Überfluss« sozialisiert, mit ästhetischem Eifer (kostbarer Federschmuck, Körpermalereien, Kunstgewerbe) und einem Übermaß an Essen und Trinken. Das Fest der Guaraní kann man verstehen als eine kritische Instanz gegenüber der Konsumgesellschaft, die über Feste den Schatten der Geschäftemacherei wirft. Solche Feste produzieren keine Erneuerung der Gemeinschaft, sondern reproduzieren Ungleichheit und Entfremdung. Arm ist nach Ansicht der Guaraní jener, der nichts zum Feiern und Verteilen hat, und Sünder ist der, welcher wohl etwas zu verteilen hätte, es aber für sich behält.

Die meisten Schamanen suchen das »Land ohne Übel« im Osten, jenseits des Meeres. Bei den Guaraní ist alles geostet: ihre Migration, die Stirnseite ihres Hauses, ihre Toten und Riten. Auch die Wanderung der kleinen Gruppe der Apapocuva, die aus Paraguay kam und die Nimendajú beschreibt, war eine Aktualisierung des Mythos. Nachdem die Wanderer gegen Osten einmal bis zur Ostküste Brasiliens vorgestoßen waren und den Schock überwunden hatten, den ihnen das tosende Meer zugefügt hatte, zogen sie sich ein Stück ins Innere des Landes zurück, bauten ein Tanzhaus und begannen den Tanz, mit dessen Hilfe sie leicht werden und übers Meer kommen wollten. Irgendwann musste der Schamane den Fehlschlag des Unternehmens eingestehen.

Heute glauben die Guaraní nicht mehr daran, dass sie noch wie ihre Vorfahren ins »Land ohne Übel« kommen können. Aber sie zweifeln nicht an der Existenz dieses Paradieses und halten die Überfahrt an sich

---

41 Vgl. Melià 1989b, 500.

42 Ebd., 493.

nicht für unmöglich. Aber man sei eben durch die zivilisierte Lebensweise zu schwer geworden. Und doch taucht ab und zu der Traum von der historischen Realisierbarkeit der Hinreise ins »Land ohne Übel« auf, der Traum vom Honig, welcher den trockenen Mund feucht hält, vom großen Bananenhain, vom guten Wasser, vom Haus »Unserer Mutter« Ñandecý, die fragen lässt: »Was will mein Kind essen?« Und die Guaraní wollen süßes Brot aus grünem Mais und gelbe Bananen. Und sie werden dann am Haus der Drossel Sabiá vorbeikommen und gefragt werden: »Was will mein Kind trinken?« Und sie werden um *caguîjý* bitten. Ñandecý wird sie mit Willkommenstränen empfangen.

## 6. *Niederlagen und Widerstand heute*

Der Mythos vom »Land ohne Übel« kann zum verlockenden Fluchtweg werden, wenn die Guaraní und die Erde selbst, ganz eschatologisch, um die Beschleunigung der Zeit und das Ende der Welt bitten, weil für sie in den Herbergen dieser Welt kein Platz mehr ist. Die Schamanen haben, wenn sie in ihren Träumen bei Ñanderuvuzú waren, gehört, wie die Erde selbst »Unseren Großen Vater« bittet: »›Ich habe schon zu viele Leichen gefressen, ich bin es satt und müde, mache ein Ende, mein Vater!‹ Ebenso ruft das Wasser zum Schöpfer, er möge es ausruhen lassen, und so auch die Bäume, die das Brennholz und Baumaterial liefern und die ganze übrige Natur. Und daß Ñanderuvuzú das Flehen seiner Schöpfung erhört, steht täglich zu erwarten.«[43]

Die Suche nach dem »Land ohne Übel« ist die dichte Beschreibung der Sehnsucht nach einem lebenswerten Leben. Wie das christliche Reich Gottes mitten unter uns sein kann, so kann auch das »Land ohne Übel« einfach reichliches und fruchtbares Land sein, »wo alle schon beim Aufstehen sich freudig begrüßen«[44] und wo es die Fruchtbarkeit des Bodens erlaubt, dass das Fest zum strukturierenden Bestandteil des Alltags gehört. Fest bedeutet Gratuität (*jo-po i*). Die Suche nach dem Grund und Boden, wo man Guaraní ist (*tekoha*), kann den Mythos vom »Land ohne Übel« (*yvý marane'ỹ*) auch historisch-eschatologisch aktualisieren. Der organisierte Raub ihres Landes produziert nicht nur schicksalshaften Selbstmord oder fundamentalistische Aussteiger ins Jenseits. Er erzeugt auch Widerstand, die Rückeroberung von Territorien, die den Guaraní

43 Nimuendajú Unkel 1914, 335.
44 Ladeira 1999, 84.

heilig sind (Jaguapiré 1996; Cerro Marangatu 1998; Sombrerito 1999; Mosquiteiro 2000). Große Siege waren es nicht, aber eben doch eine dem System abgetrotzte Wiedergutmachung.

Im Reservat Nhanderu Marangatu leben 900 Guaraní auf 124 Hektar Land. Der Rest ihres Landes, 9.300 Hektar, ist Prozessmasse.

In der Gemeinde Coronel Sapucaia/MS hat eine andere Gruppe der Guaraní, nach 22 Jahren langen Wartens, ein Stück Land besetzt, Kurusu Ambá. Eine Reihe ihrer politischen Führer wurde dabei ermordet, andere wurden ins Gefängnis geworfen. Noch widerstehen die 200 Guaraní unter Plastikplanen, bei Hitze und Kälte. Zum Pflanzen reicht das kleine Stück Land nicht.

Im Kaiowá-Reservat in Amambai leben heute 8000 Indios auf weniger als 2000 Hektar Land. Drogenhandel, Alkoholismus, Prostitution und Sklavenarbeit auf dem Zuckerrohrfeld sind über die Bevölkerung des Dorfes hergefallen.

Das Guaraní-Dorf Passo Piraju liegt in der Nähe von Dourados/MS und ist eines der gefährdetsten Guaraní-Dörfer. Vor 10 Jahren haben es die Indios zurückerobert, 40 arme Hektar Land, ständig von Polizei, Gefängnis und Großgrundbesitz bedroht. »Durch elektrisch geladenen Stacheldraht, Pistolenschüsse und Zuckerrohrfelder haben sie sich von uns abgegrenzt. Polizei bedeutet hier öffentliche Unsicherheit«, sagt einer ihrer Führer. Viele von ihnen wurden im Gefängnis misshandelt.

Das Guaraní-Reservat in Dourados/MS droht zum Slum zu werden. 13 000 Indios leben hier praktisch in einer Favela, ohne die Möglichkeit zu pflanzen. Hier wird die größte Kindersterblichkeit registriert und die höchste Selbstmordquote. Gewalttätigkeit, Drogen und Banditentum sind im Reservat von Dourados heimisch geworden. Der Kulturverfall wird Brasilien teurer kommen als ein paar tausend Hektar Land. Aber man muss noch weiter gehen und fragen: Ist nicht der immer enger werdende Raum, der den Guaraní zur Verfügung steht, paradigmatisch für eine auf Wachstum setzende Zivilisation, die sich selbst mehr und mehr ökologisch, ökonomisch und sozial in die Enge treibt? Aus Enge wird Angst. Im weltweiten Verstädterungsprozess wird dies besonders deutlich: Die Luft wird schlechter und Wasser und Grund und Boden werden knapper.

Die 130 Personen zählende Guaraní-Gemeinde Guyraroká, im Stadtbereich von Caarapó/MS, kämpft seit 10 Jahren um die Rechtstitel ihres Reservats. Sie hat dieses Land 1990 zurückerobert, wurde aber immer wieder vertrieben. Vier Jahre hat sie am Straßenrand zugebracht. Im Jahr 2003 hat die Gruppe nochmals einen kleinen Teil dieses Landes (58 Hektar) besetzt. Inmitten dieser Rechtsunsicherheit beschloss das Justizministerium am 7. Oktober 2009 (Portaria Nr. 3.219), die Grenzen dieses Kaiowá-Guaraní-Reservats in der ursprünglich vorgesehenen Größe von 11 401 Hektar rechtsgültig festzulegen. »Jetzt können wir ein bisschen aufatmen. Ohne Land kommen wir ja zu nichts«, erklärte der Kazike Ambrosio Vilalva.

Im Jahr 2007 wurde die Bewegung *Povo Guaraní – Grande Povo* gegründet, welche begann, die Guaraní-Stämme Brasiliens, Argentiniens, Boliviens und Paraguays zu vernetzen.

Die Guaraní als die Propheten des »Landes ohne Übel« sind zu den »Verdammten der Erde« geworden. Ihr Lebensprojekt verweist auf einen notwendigen Systembruch. Dies bedeutet zunächst einmal Umwandlung der Symptome sozialer Pathologien, an die wir uns schon gewöhnt haben, weil sie so häufig vorkommen, in historischen Schmerz. Die Sache der Indigenas stellt die Ziele und Prioritäten der Wissenschaft, der politischen Philosophie, der wirtschaftlichen Praxis und unserer eigenen Weltanschauung in Frage. Am Beginn dieses Jahrhunderts steht die Erschöpfung eines zivilisatorischen Zyklus zur Diskussion, dem es nicht mehr gelingt, das Leben der Mehrheit der Menschen in Würde und die Integrität des Planeten Erde zu garantieren.

»Welche Geschichte soll ich meinen Kindern erzählen?« fragte Valdelice Veron auf einer Protestversammlung mit Studenten an der Katholischen Universität von São Paulo (7.5.2010). Ihr Vater war im Januar 2003 im Alter von 72 Jahren von Pistolenschützen der Großgrundbesitzer ermordet worden. Und Valdelice fährt fort: »Mein Urgroßvater und mein Großvater waren von der Firma Matte Laranjeira ermordet worden. Und nun mein Vater. Der Prozess bei Gericht zieht sich hin bis zur Verjährung. Das ist nicht normal. Sagt mir doch, welche Geschichte soll ich meinen Kindern erzählen? Von uns erwartet man, dass wir aufhören Indios zu sein. Aber wir werden unsere indigene Identität nicht an den Nagel hängen. Wo einer fällt, wird ein anderer aufstehen. Unser Gedächtnis verjährt nicht.«

Vom Indiodorf her den Bruch mit dieser erschöpften Zivilisation zu denken, heißt Widerstand zu artikulieren gegen den tödlichen Stillstand der Monokultur, gegen die Langeweile globalisierter Monologe, gegen Hegemonie und Privilegien der Eliten. Der Kampf um die Artenvielfalt ist gleichzeitig ein Kampf um die Befreiung von sozialer und ökologischer Verödung unseres Planeten. Die pragmatische Rede vom »Möglichen« und »Tragbaren« setzt der schöpferischen Fantasie enge Grenzen. Wir stehen vor einem Paradox: Biologisch kann das Leben mehr und mehr verlängert und seine Qualität verbessert werden, sozial wird es immer weniger nachhaltig. Rettung wird nicht von Ñanderuvuzú kommen, sondern von unser aller Kraft, den Weltbrand nicht mit einer Sintflut zu löschen, sondern mit Solidarität.

# III. Zeitgenossenschaft. Konjunkturanalyse in pastoraltheologischer Absicht

Unterschiedliche Lebenswelten der Menschen und globale Wirtschafts- und Produktionsstrukturen, welche diese Lebenswelten in einen Homogenisierungsprozess hineinzwingen, stehen in einem fortwährenden Spannungsverhältnis durch kulturelle Entfremdung und soziale Ungleichheit. Entfremdung und Ungleichheit sind weder Schicksals- noch Naturprozesse. Sie sind historisch entstanden und müssen daher diachron und synchron rekonstruiert und überwunden werden.

Neben ganz allgemein entfremdeten und identitätsbedrohten Lebenswelten, in denen alle zu kulturellen Verlierern werden, gibt es dann doch noch in diesen globalisierten Weltverhältnissen auch »einfache« Gewinner durch die unkontrollierte Aneignung des Mehrwerts und »doppelte« Verlierer durch Entfremdung und Armut. Während die global vernetzten Oberschichten meist Anteilseigner an den gewinnbringenden ökonomischen Makrostrukturen sind, trägt die Unterschicht weltweit die Last dieser Gewinne durch Mindestlöhne, Arbeitslosigkeit, Migration, reduzierte Rentenansprüche und all das, was heute mit dem Wort »Präkariat« bezeichnet wird. Gegen den durch die Globalisierung erzeugten und unmittelbar bewussten Leidensdruck durch Hunger und Armut kann sich Widerstand organisieren, wie wir das immer wieder schubweise erleben.

Pastorale Praxis und Theologie Lateinamerikas müssen aufgrund ihres eigenen Anspruchs, bei dem es nicht um korporative oder regionale, sondern um universale Befreiung geht, in den größeren Kontext weltweiter ökonomischer Interessen, politischer Konflikte und kultureller Horizonte gestellt werden. In einem programmatischen Text, der durch die seit Juni (2013) eskalierenden Proteste neue Aktualität erlangt hat, hat sich die Brasilianische Bischofskonferenz aus Anlass des 50jährigen Bestehens der Hauptstadt Brasília »Für eine Reform des Staates durch demokratische Partizipation« ausgesprochen. Die Bischofskonferenz ruft darin zu einer »profunden und kritischen Analyse der gegenwärtigen politischen Institutionen auf«. Der Staat dürfe nicht im Interesse von Erzeugern und Konsumenten inner- und außerhalb Brasiliens handeln, sondern müsse das Allgemeinwohl und die Würde der großen nationalen Mehrheit im Auge haben. Demokratie legitimiert sich nicht alleine durch formale Wahlen, sondern erfordert immer auch eine fortwährende Legitimation der Regierenden durch »Partizipation der Staatsbürger an den politischen Willensbildungsprozessen«,[45] die über den Wahltag hinausgeht und sich über eine ganze Regierungsperiode erstreckt. Dies ist wohl auch der Kern und darin liegt die Legitimität vieler nicht parteigebundener Straßendemonstrationen: »Die Demokratie existiert nicht wirklich, wenn das ökonomische System Sektoren der Bevölkerung von den zu einem würdigen Leben notwendigen Gütern ausschließt.«[46] Eine repräsentative Demokratie ist nur dann wirklich demokratisch, wenn sie gleichzeitig partizipativ ist.

## 1. *Sozialbewegungen im Regierungstrakt*

Politisch engagierte pastorale Mitarbeiter in Lateinamerika, die soziale Bewegungen begleiten und die Sorgen der kleinen Leute mittragen, haben zum Teil sehr engagiert zu den Wahlerfolgen von Hugo Chávez in Venezuela (1998/2000/2006), Luiz Inácio Lula da Silva in Brasilien (2002/2006), Evo Morales in Bolivien (2005/2009), Rafael Correa in Ecuador (2006/2013), Fernando Lugo in Paraguay (2008) und José Mujíca in Uruguay beigetragen. Die von politischer Verfolgung über Opposition ins Regierungsgeschäft Übergewechselten hatten sehr unterschiedliche Biographien: Chávez war Militär, Lula Gewerkschaftsführer der Metallarbeiter, Evo Morales indigener Führer einer Landarbeitergewerkschaft, Correa Intellektueller der Mittelklasse, Lugo katholischer Bischof und Mujíca war Tupamaro-Guerrillero in Uruguay. Der Kampf für ein Lateinamerika mit Präsidentschaftskandidaten, die von den jeweiligen Militärregierungen verfolgt wurden und wichtige strukturelle Veränderungen ohne Korruption versprachen mit den Schwerpunkten von mehr demokratischer Beteiligung, Arbeitsplatzschaffung, gerechter Einkommensverteilung, Landreform und dem Respekt vor Minderheiten, war über Jahre hinweg für viele pastorale Mitarbeiter ein politischer Horizont, der drei Elemente auf einen Nenner zu bringen versuchte:

– eine bei allen Unterschieden doch gemeinsame »Sache«, für die es sich lohnte zu streiten, weil es möglich war, sie durch die Subjekte, die sie betraf – indigene Völker, Land-, Obdach- und Arbeitslose, verarmte Mindestlohnempfänger – in der Nähe des Projekts des Jesus von Nazareth anzusiedeln;

45 Habermas $^{3}$1975, 54–55.

46 Conferência Nacional dos Bispos do Brasil 2010, Nr. 110–111, auch 46–47.

- politische Parteien und Gewerkschaften, deren Mitglieder keine »Wendehälse« waren, sondern zu Zeiten der Militärdiktaturen sich im Widerstand befanden und verfolgt wurden oder ins Exil gehen mussten;
- eine Mystik der Befreiung als Motor und Vermittlungsinstanz für die persönliche Entäußerung und Hingabe der pastorale Mitarbeiter, die den aufrechten Gang aller, demokratische Radikalisierung durch reale Partizipation, Selbstbestimmungsrechte und universale Solidarität zum Ziel hatte. Daher gelte es, so das Schlussdokument der 5. Generalversammlung des Episkopats von Lateinamerika und der Karibik in *Aparecida* (2007), »eine andere Globalisierung voranzutreiben, die von Solidarität, Gerechtigkeit und Respektierung der Menschenrechte bestimmt ist« (DAp 64).

Im Laufe der Jahre, die den Wahlerfolgen vorausgingen, wurde die jeweilige politische Gruppe zur Großfamilie und zum Hoffnungsträger für jene Sektoren der Kirche, welche willens waren, die Option für die Armen auch politisch umzusetzen. Man war geschwisterlich vereint bei den Straßenprotesten und Arbeiterstreiks, bei den Demonstrationen der Indígenas und ihrem Kampf um Land, bei den Landbesetzungen der Landlosenbewegung, bei den Protesten gegen genetisch verändertes Saatgut und gegen die von den Vereinigten Staaten betriebene Freihandelszone ALCA (*Área de Livre Comércio das Américas*). Man war bereit, für die größere Sache »einer Welt für alle« Opfer zu bringen, und wusste wohl, dass der Weg nicht schmerzfrei sein würde.

Dann kamen in den einzelnen Ländern Lateinamerikas die Regierungsübernahmen durch Präsidenten, für die man sich eingesetzt hatte, weil sie das Leben der Armen und Anderen verbessern würden. Manche Freunde, die man von den Protesten der Straße her kannte, übernahmen Verantwortung in den jeweiligen Regierungen. Nun wäre es möglich gewesen, ein Entwicklungsmodell einzuführen, das aus dem Kampf gegen Ungleichheit eine strukturierende Achse der öffentlichen Sozialpolitik gemacht hätte. Dies ist nicht geschehen. Die 10% Superreichen haben Gehälter bzw. Löhne, die 40-mal höher liegen als die Löhne der 10% der Ärmsten. Was die soziale Ungleichheit betrifft, so ist Brasilien auf Weltebene immer noch Spitzenreiter unter den ersten zehn Nationen.[47]

Auch die lateinamerikanische Linke ließ sich auf Entwicklungsstrategien ein, welche durch die Ausbeutung von Rohstoffen und Agrarland für den Export eine noch größere Ungleichheit schufen. Der ehemals und

[47] Freitas Barbosa (Hg.) 2012, 139–140.

immer noch arme Süden wollte den reichen Norden in allem übertreffen, in der Agrar- und Industrieproduktion, in den Konsummöglichkeiten, im Energieangebot, in der Herstellung von Überflüssigem.

Aber dieser Lebensstil ist und war ökologisch zerstörerisch und sozial ungerecht. Und die Redensart »Man denkt mit dem Stuhl, auf dem man sitzt« hat sich wieder einmal bewahrheitet. Die versprochenen strukturellen Veränderungen, wie beispielsweise die Landreform, wurden nicht nur vertagt, sondern aus dem Programm genommen. Die neuen Regierungen forderten Mäßigung und schickten die inzwischen in den Regierungsapparat integrierten und protestgeübten Funktionäre aus, um die Sozialbewegungen zur »Vernunft« zu bringen. Man könne nicht alles auf einmal haben. Dann folgten spürbare Distanz, besetzte Telefone, verschlossene Türen, Kommunikationsverweigerung. Fronten taten sich auf zwischen Gewinnern in Regierungsbunkern und auf dem Schlachtfeld sozialer Konflikte Zurückgelassenen. Vieles erinnerte an George Orwells »Farm der Tiere«, in dem der Machtwechsel von den Zweibeinern zu den Vierbeinern und die innere Zerrüttung des erwarteten goldenen Zeitalters der Tiere beschrieben werden. Die Fabel endet mit dem lapidaren Satz: »Die Tiere draußen blickten von Schwein zu Mensch und von Mensch zu Schwein, und dann wieder von Schwein zu Mensch; doch es war bereits unmöglich zu sagen, wer was war.«[48]

»War das nicht unsere Partei, die da an der Regierung ist?« fragten sich ehemalige Freunde. »Sind das nicht unsere Mitstreiter von gestern, die da in den Regierungspalast eingezogen sind? Haben wir für die nicht internationale Solidaritätsaktionen durchgeführt und oft das eigene Leben riskiert, als sie im Gefängnis saßen?« Die Verwaltungspraktiken der nun schon etablierten halb-linken Regierungen erleben immer mehr ehemalige Mitstreiter als Verrat. Sie hatten während der langen Jahre der Diktatur gelernt, Verluste, die durch die politischen Gegner zugefügt wurden, zu verarbeiten. Aber sie waren nicht vorbereitet auf die schleichenden Verluste, die den kleinen Leuten durch den Regierungs- und Verwaltungsapparat der Freunde von gestern zugefügt wurden. Dazu kamen im weiteren Verlauf der Regierungsperiode Geldgeschäfte für den jeweils nächsten Wahlkampf an die Öffentlichkeit, die sich am Rande der Legalität abgespielt haben.

Als in Brasilien Anfang Januar 2005 das neue luxuriöse Präsidentenflugzeug für 56,7 Millionen US-Dollar vorgestellt wurde, dem die Presse gleich den Namen AeroLula gab, haben sich viele gefragt, warum ausge-

48 Orwell 1945/1982, 119.

rechnet der Landflüchtling aus dem Nordosten und Metallarbeiter aus São Paulo diesen Kauf tätigen musste. Man hätte mit dem Geld des AeroLula das Wohnungsbauprogramm eines ganzen Jahres finanzieren können. Joãozinho Trinta, der Gestalter vieler Karnevalszüge, hat es einmal so auf den Nenner gebracht: »Die Armen lieben den Luxus; die Reichen halten das Geld zusammen.« Der Präsident, der aus dem armen Teil Brasiliens kommt, will die Prosperität seines Landes selbst genießen und demonstrieren, vor allem auf Auslandsreisen.

Die meisten der neuen Regierungsbeamten sind nicht einfach Überläufer oder Verräter im üblichen Sinne. Außerhalb des Komforts, der ja zum »normalen« Regierungsstil gehört, haben sich wohl ganz wenige persönlich bereichert. Und doch kam es zu einer ethischen Talfahrt. Riesige Wahlversprechen wurden durch die Nähe zu den Eliten des Landes zum Zwerggesträuch herabgestutzt. Und doch musste man vor diesen Eliten auf der Hut sein. Man musste gegen sie den nächsten Wahlkampf gewinnen. Und dazu brauchte man Geld.

Also wurden die Gemeinde- und Staatsverwaltungen, die in der Hand der Parteifreunde lagen, zu Orten der Geldbeschaffung für den jeweils nächsten Wahlkampf. Bau- und Verkehrsunternehmen, Banken und Straßenreinigungsfirmen mussten, zusätzlich zu den in Steuererklärungen nachgewiesenen Parteispenden, tief in die Tasche greifen und für eine geheime Wahlkasse Beiträge bezahlen. In größerem oder kleinerem Umfang haben das alle Parteien so gehalten. Die jeweiligen Präsidenten und ihre Vertrauten waren nicht ganz unwissend in all diesen Dingen der Geldbeschaffung im Dienst von Regierungsfähigkeit und Wiederwahl. Der in Wahlkampfzeiten andeutungsweise propagierte Traum vom Systembruch wurde schon in den ersten Regierungstagen endgültig begraben. Das versprochene »gute Leben« wurde durch die von der Entwicklungsideologie geleiteten Notmaßnahmen des Wohlfahrtsstaates ersetzt, um sozialen Revolten den Wind aus den Segeln zu nehmen. Aber der Wohlfahrtsstaat lebt eben von den Gewinnabschöpfungen, welche die kapitalistische Entwicklungs- und Produktionsideologie ermöglichen.

Im Jahr 2008 treten die Umweltministerin der Regierung Lula, Marina Silva, und der Energieminister der Regierung Correa, Alberto Costa, zurück. Beide hatten sich in ihren Regierungen erfolglos für Umweltfragen eingesetzt und dann als Präsidentschaftskandidaten Achtungserfolge erzielt. Acosta war Leiter der Verfassunggebenden Versammlung Ecuadors (2007/2008) und kämpfte dafür, dass die Rechte der Natur in der Verfassung verankert wurden, und um mehr Demokratie. Mehr Demokratie wird aber nur möglich sein durch größere soziale Gleichheit. Das

Ergebnis einer von Armin Schäfer durchgeführten Forschungsarbeit für die Demokratie in Westeuropa kann wohl verallgemeinert werden: »Je ungleicher das Einkommen in einem Land verteilt ist, desto unzufriedener sind die Bürger mit der Funktionsweise der Demokratie und desto weniger vertrauen sie den politischen Institutionen.«[49]

Der Pragmatismus der neuen Linken Lateinamerikas, die an die Regierung gekommen ist, hat es mit sich gebracht, dass die Aktivisten der sozialen Bewegungen nun plötzlich vom Gefühl der Verlassenheit und Verwaisung heimgesucht wurde. Wie soll auf das mitleidige Lächeln der ehemaligen *companheiros* reagiert werden, die überlegen signalisieren, dass die Aktivisten von heute den Gang der Geschichte nicht verstanden habe? Wurde wirklich alles, was gesagt und geglaubt wurde, durch das neoliberale Marktgebaren zu einer verdorbenen Ware? Sind die Freunde von einst keine Verräter, sondern »nur« Gefangene eines Systems ohne Alternative?

Daraus erwachsen zwei Aufgaben: erstens die Bewältigung politischer Verwaisung der zurückgebliebenen Sozialbewegungen und zweitens das Verständnis des Systemkonformismus ehemals oppositioneller Gruppen im Regierungsviertel nicht als bloßen Verrat, sondern als Wahrnehmungsverzerrung durch eine Art Stockholm-Syndrom: Die Opfer identifizieren sich mit Motiven und Vorgehensweise der Geiselnehmer. Der Geiselnehmer ist der Markt im Spätkapitalismus.

## 2. *Trauerarbeit der Zurückgebliebenen*

Pastorale Mitarbeiter, die in den sozialen Bewegungen verwurzelt sind, haben eine politische »Familie« und das von dieser »Familie« vertretene politische Projekt verloren. Das Gefühl der Verwaisung deutet auf kindlich-unkritische Fixierungen hin, die in kollektiven Verbänden oft günstige Reproduktionsbedingungen haben. Die spirituelle Aufgabe, die sich aufgrund dieser Verwaisung stellt, lautet: Verlustarbeit, Umkehr (Metanoia), Erkenntnisfortschritt. Diese Aufgabe muss auf verschiedenen Ebenen angegangen werden. Sie hat zum Ziel eine Spiritualität des Erwachsen-Seins (a), das der Ambivalenz persönlicher und der Dialektik historischer Prozesse gewachsen ist (b). Sie stärkt die Hoffnung der Armen und Anderen gerade dadurch, dass sie Ganz-Werden durch die Überwindung von Spaltung und Verfremdung nicht als Triumph über den

---

[49] Schäfer 2010, 55–56.

Gegner verspricht, sondern als einen Prozess der Einbeziehung aller in solidarische Entäußerung (c).

a) Verwaisung deutet auf die Notwendigkeit hin, erwachsen zu werden. In Parteizentralen und kirchlichen Institutionen muss darum immer wieder gerungen werden, gegen vormodern-autoritäres, patriarchales und nepotistisches Verwaltungsgebaren, gegen institutionellen Zentralismus und Bürokratie, gegen charismatische Führungspersönlichkeiten ohne Legitimation durch die Gemeinschaft und gegen fundamentalistische Irrationalität und Orthodoxie.
Weder in Regierungsstellen noch im Vatikan sollten »Familienangehörige« als Gesprächspartner aufgesucht werden müssen, um gerechte Anliegen mit Erfolg zu vertreten. Sogenannte Beziehungen sind die Brückenköpfe von Korruption. Korruption führt zu privater Aneignung dessen, was allen zusteht, also zu Privilegien. Damit ist eine vormoderne Überlagerung von Recht und Gunsterweis gegeben.
Auch im modernen Lateinamerika sind vormoderne Strukturen kulturell noch sehr präsent und in der Politik tief verwurzelt. Es oft schwer, vor allem im Landesinnern, sein Recht zu bekommen, ohne dass ein »Pistolenschütze« (*pistoleiro*) den Weg frei macht oder ein »Schutzheiliger« für Rückendeckung sorgt und Fürsprache einlegt. Rigorose Gewaltenteilung und »familiäre Neutralität«, das heißt Fachkompetenz vor Verwandtschaftsgrad, beispielsweise bei der Auswahl von Mitarbeitern, müssen gerade auch »in einer Welt für alle« eingeübt und als politischer Hintergrund für alles Handeln durchgehalten werden.
Als die »Familie Arbeiterpartei« Brasiliens an die Regierung kam, bestand natürlich die Gefahr, zur Abkürzung der Verwaltungswege den jeweils eigenen »Schutzheiligen« zu aktivieren. In einer Gesellschaft, die aus patriarchalen, indigenen und afrikanischen Verhältnissen hervorgegangen ist, kann man »Verwandten« den Schmerz sachlicher Entscheidungen oft kaum zumuten. Dieser Schmerz ergibt sich daraus, dass Familienbande, wenn es um das Gemeinwohl geht, nicht berücksichtigt werden. Aber sozialer Fortschritt kann nicht mit prämodernen Spielregeln der Verwandtenbegünstigung errungen werden. Erwachsenwerden und Konfliktfähigkeit sind untrennbare politisch-spirituelle Aufgaben.

b) Erwachsene Beziehungen soll es nicht nur zwischen Regierung und Parteimitgliedern oder zwischen Gläubigen und Kirchengemeinschaften geben, sondern auch zwischen Aktivisten und den Subjekten, deren Sache sie vertreten. Wie oft sind politisch engagierte pastorale

Mitarbeiter päpstlicher als der Papst, indigener als die Indigenen, proletarischer als die Proletarier, weil sie ihrer eigenen theoretischen und praktischen Ambivalenz und der ihrer Ansprechpartner nicht gewachsen sind. Dabei folgen sie sicher ihren ethischen Maximen, mit denen sie auf das Gelobte Land blicken, sind aber verunsichert und nicht im Einklang mit den Pilgern, mit denen sie durch die Wüste und Täler der Entfremdung ziehen. Diese Pilger haben die Fleischtöpfe Ägyptens nicht vergessen. Wem es dabei nur um Machtübernahme und nicht um ein neues Leben geht, der versucht dann lediglich die verlorene Zeit nachzuholen und den erlittenen Hunger doppelt zu stillen. Politisch betritt er hier eine strukturell tragische Zone, wie sie Engels in *Der deutsche Bauernkrieg* beschrieben hat: »Es ist das Schlimmste, was dem Führer einer extremen Partei widerfahren kann, wenn er gezwungen wird, in einer Epoche die Regierung zu übernehmen, wo die Bewegung noch nicht reif ist für die Herrschaft der Klasse, die er vertritt, und für die Durchführung der Maßregeln, die die Herrschaft dieser Klasse erfordert. […] Was er tun kann, widerspricht seinem ganzen bisherigen Auftreten, seinen Prinzipien und den unmittelbaren Interessen seiner Partei; und was er tun soll, ist nicht durchzuführen. […] Er muss im Interesse der Bewegung selbst die Interessen einer ihm fremden Klasse durchführen und seine eigne Klasse mit Phrasen und Versprechungen, mit der Beteuerung abfertigen, dass die Interessen jener fremden Klasse ihre eignen Interessen sind. Wer in diese schiefe Stellung gerät, ist unrettbar verloren.«[50]
Aber bei nachholender Machtübernahme geht es noch in anderer Hinsicht um eine tragische Zone, nämlich um die Verwirklichung eines manichäischen Weltbildes, das die Mischzonen zwischen Schwarz und Weiß nicht kennt. Das kann nicht gut gehen. Politische Prozesse sind historische Lernprozesse. Und vielleicht gab es in den Erwartungen, die an die Adresse der Regierung ehemaliger Genossen, Freunde und Glaubensbrüder gerichtet worden waren, einerseits doch zuviel kindliche Phantasie und andererseits den Wunsch, historische Gräben einfach mit Regierungsmacht zuzuschütten.

c) Auch politisch engagierte pastorale Mitarbeiter haben viel triumphalen Ballast der Sieger und Machtansprüche mitgeschleppt und ihre Reich-Gottes-Vorstellungen mit Regierungsprogrammen in einer pluralen Gesellschaft verwechselt. Die politische Verwaisung kann nur in solidarischer Entäußerung schadlos durchgestanden werden. Solidari-

---

[50] Engels 1850/1973, 220–221.

sche Entäußerung wird in der Parteienlandschaft und, wenn wir genau hinschauen, ansatzweise auch in Kirchen mehr und mehr zum Fremdwort. Wir können dies testen, wenn wir in Fabrikhallen und Sakristeien beispielsweise die Reizworte »Arbeitsmigration«, »Straßenbewohner« oder »Ausländer« fallen lassen. Postsoziale Arbeits- und Wohnverhältnisse stehen weltweit überdimensionalen Gewinnabschöpfungen und Luxusvillen gegenüber, während persönliche Beziehungen mehr und mehr durch Infonetze und iPhone-Hörigkeit vermittelt werden.

Solidarische Entäußerung kann nicht in Parteien, Gewerkschaften oder eine »erlösende Klasse« ausgelagert werden. Aber es muss ihnen, sollen sie nicht ihre Legitimation verlieren, die sich nur auf formale Wahlprozesse stützt, die Diskussion mit der Straße und mit organisierten Sozialbewegungen zugemutet werden.

Es ist ganz richtig, dass keine Regierung für den Anbruch des Reiches Gottes verantwortlich gemacht werden kann. Zwischen Glaubenserwartungen, historischem Durchsetzungsvermögen und politisch Machbarem muss sehr genau unterschieden werden. Vielleicht erwächst daraus, im Zusammenhang mit der Talfahrt vieler Erwartungen an Linksregierungen, eine wichtige Erkenntnis. Niemand soll mit der Vorstellung leben, dass der Kampf um Befreiung vom falschen Leben von einer Regierung auf Dauer und rein pragmatisch auf den Weg gebracht werden kann, ebensowenig wie eine Kirche insgesamt und über längere Zeit prophetisch sein kann. Es ist schon viel gewonnen, wenn sie Propheten in ihren Reihen duldet. Vielleicht ist es gerade auch diese Trauer über die noch notwendige Prophetie Einzelner, die in Situationen des Verlustes, der Schmerzen und des Bösen unsere Lebenswelt sinnvoll an Weltbilder zurückbindet, weil es ja noch nicht gelungen ist, »die Lebenswelt als Raum der Gründe«[51] zu erschließen, welche glaubwürdig für Religion einspringen könnten.

Krank macht die faustische Vorstellung von der Machbarkeit des »guten Lebens« diesseits von Hingabe und jenseits einer Revision von Ansprüchen, die sich nicht alle leisten können, weil dazu die natürlichen Ressourcen für alle fehlen. Dabei handelt es sich um immerwährende Aufgaben. Trauerarbeit ist von Anfang an in das Geheimnis des Lebens eingelagert. Postsoziale Schlussstrich- und Ersatzangebote gibt es genügend in den goldenen Käfigen der Systeme, sei es durch Konsumversprechen, durch Schnellkurse in Selbsthilfe jeglicher Art

---

[51] Habermas 2012, 8.

oder durch eine Theologie der Prosperität. Die Stilllegung in goldenen Käfigen wäre ebenso wie die hermetische Abschirmung vor Armen und Grenzgängern durch Mauern das Ende kritischer Auseinandersetzung mit Selbstverantwortlichkeit, würde die kreative Phantasie des Aufstands blockieren und Bekehrung überflüssig machen. Der Rechtspositivismus des Staates und Gesetzesvorschriften der Kirchen leben gerade von den durch Trauerarbeit freigesetzten Energien des Widerstands, die beide in Frage stellen.

## 3. *Soziopolitische Blockaden im Spätkapitalismus*

Dem Konzept »Spätkapitalismus« ist irgendwie die Hoffnung auf die Zeit danach, also auf den Postkapitalismus eingeschrieben. Wer die untragbaren Verhältnisse einer wachsenden Mehrheit vor Augen hat und die an eine endliche Natur gebundenen materiellen Voraussetzungen des Wohlstands der Minderheit bedenkt, der weiß, dass es ohne einen neuen Sozialvertrag und ein radikales Umdenken nicht weitergehen kann. Das Umdenken muss die Natur mit einbeziehen und darf den ohnehin schon arm Gemachten nicht einseitig eine Austeritätspolitik als »Strafe« auferlegen. Der erste Schritt über den durch den bevorstehenden Zivilisationsbruch entstehenden Graben wird wohl ein neuer Lebensstil sein, der das »gute Leben« aller ermöglicht.[52]

*Aparecida* (2007) hat versucht, die sozialpolitischen Bedingungen kirchlichen Handelns heute auf den folgenden Nenner zu bringen: »Von der Tendenz bestimmt, den Gewinn über alles zu stellen und den Wettbewerb voranzutreiben, verfolgt die Globalisierung eine Dynamik der Konzentration von Macht und Reichtum in den Händen weniger [...]. Dadurch werden all jene ausgeschlossen, die über keine ausreichende Information und Bildung verfügen. Die Chancenungleichheit, die unseren Kontinent so schrecklich beherrscht und zahllose Menschen an die Armut fesselt, wird noch größer« (DAp 62). Damit sind eine Reihe von Problemfeldern fokussiert, die im pastoralen Alltag nicht aus dem Blick geraten dürfen: Globalisierung, privilegierte Konzentration von Macht und Partizipation, Reichtum und Zugang zu Information und Bildung, wachsende Ungleichheit und Armut.

Versuchen wir also in raschen Belichtungen eine makrostrukturelle politisch-ökonomische Röntgenaufnahme des gegenwärtigen Augenblicks

---

52 Vgl. Assheuer 2012.

zu machen, in der wir dann auch das mikrostrukturelle Lateinamerika und die Karibik erkennen können. Ohne den oben genannten Linksregierungen von vornherein entschuldigende Sachzwänge zuzubilligen noch sie als ins bequeme Leben abgerutschte Exrevolutionäre zu denunzieren, scheint es doch Hinweise auf eine wachsende Unvereinbarkeit von Demokratie und zeitgenössischem Kapitalismus zu geben. Sind demokratische Selbstbestimmung und Partizipation auf der einen Seite und wirtschaftliche Eigendynamik der Märkte auf der anderen harmonisierungsfähig durch den Aufweis gemeinsamer Interessen für das Gemeinwohl?

Aus interessengeleiteten Gründen ist immer wieder behauptet worden, dass der Neoliberalismus einen starken Staat braucht, um dem Markt freien Lauf zu lassen und dem Druck der Gewerkschaften und der Straße zu widerstehen. Mit einem demokratischen Staat sei »der Neoliberalismus unvereinbar, sofern unter Demokratie ein Regime verstanden wird, das im Namen seiner Bürger mit öffentlicher Gewalt in die sich aus dem Marktgeschehen ergebende Verteilung wirtschaftlicher Güter eingreift […]«.[53] Die Landvermessungen bzw. Verhältnisbestimmungen zwischen kapitalistischer Wirtschaft und demokratischer Politik haben sich öfters geändert und könnten auf einer Skala mit den Extrempunkten »völlig unverträglich« bis »voraussetzungslos notwendig« eingetragen werden. Unter den Voraussetzungen der Globalisierung und mit dem Auftreten des Finanzkapitals, so meint Streeck, hat der demokratische Staat zwei Souveräne, das nationale Volk und die internationalen Finanzmärkte, die kontrolliert und angetrieben werden vom Profitbedürfnis der mehr und mehr anonymen Eigentümer von Kapital. In diesem Spiel zweier konkurrierender Verteilungsprinzipien werden jedoch der Staat und der ihn repräsentierende und verwaltende politische Sektor mehr und mehr aus ihrer Schiedsrichterfunktion verdrängt und stehen als Überläufer zum Markt und Rechtsanwalt des Kapitals vor uns. Wie kam es dazu?

Es ging hier zunächst nicht einfach um eine Option oder einen Fahnenwechsel der Politik, sondern um den praktischen Zwang des Staates, der nun mehr und mehr seine Megaprojekte nicht mehr über Steuern finanzieren kann, sondern in wachsendem Maße über Kreditaufnahmen, die sich im Laufe der Zeit zu Schuldenbergen aufgetürmt haben. Mit den klassischen Steuereinnahmen, die natürlich nicht weggefallen sind, werden die Zinsen der Schulden bezahlt. Daraus ist neben dem Warenmarkt ein heute noch viel bedeutenderer Markt ins Kraut geschossen, der Finanzmarkt: »Die Finanzmärkte wiederum mussten international integriert

---

53 Streeck [3]2013, 90.

werden, um den gigantischen Kreditbedarf der reichen Industriegesellschaften, insbesondere der USA, befriedigen zu können. Diese Entwicklung war, wie gesagt, spätestens seit den 1980er Jahren weltweit im Gang.«[54] Der Schuldenstaat sollte die Krise des Steuerstaates überwinden, der den großen Entwicklungsprojekten und steigender Arbeitslosigkeit nicht mehr gewachsen schien. Der Schuldenstaat leiht sich von den wohlhabenden Bürgern Geld aus, anstatt sie zu besteuern. Es ist also ein Staat, der seine Ausgaben durch Kredite und nicht durch Pflichtabgaben (Steuern) der Reichen bestreitet. Reguläre Staatseinnahmen wurden dann zur Schuldentilgung eingesetzt.

Die Tatsache, dass die Gewinner des Wachstums der kapitalistischen Ökonomie nicht zur Kasse gebeten wurden, hat es ermöglicht, den Sozialkapitalismus der Nachkriegszeit auszuhöhlen. Das Demokratieversagen fand dort statt, wo »die eng begrenzte und überhaupt nur bei strenger und wirksamer Regulierung gegebene Demokratiekompatibilität des Kapitalismus«[55] nicht erkannt und die verteilungspolitischen Konsequenzen übersehen wurden. Der Einfluss der Lobbygruppen auf die Gesetzgebung der Parlamente wird immer größer. Die Abgeordneten beschließen Gesetze, die ihnen die »Wirtschaft« diktiert hat. Der Spätkapitalismus wurde durch postdemokratische Machenschaften eingeläutet.[56] Die periodisch abgehaltenen Wahlen, die von der Finanz- und Medienindustrie gesteuert werden, sind in vielen Ländern des Südens, wie in Brasilien beispielsweise, Zwangsinstrumente der politischen Loyalitätssicherung. Wer nicht zur Wahl geht, wird bestraft.

Um die Staatsfinanzen, die durch den neoliberalen Schuldenstaat in Unordnung geraten waren, zu sanieren, hat die neoliberale Staatsreform zwischen den Jahren 1990 und 2000 Staatsfunktionen, die dem Nationalstaat über den Kopf gewachsen waren, gewinnbringend an die private Hand, sprich den internationalen und inzwischen deregulierten Finanzmarkt übertragen. Die private Hand wiederum musste sich ihr Kapital auf eigene Rechnung auf dem Geldmarkt beschaffen. Die so auf den Weg gebrachte Privatisierung und »Finanzialisierung« des Kapitals hat soziale Leistungen des Staates in gewinnbringende Waren verwandelt: Gesundheitsversorgung, Ausbildung, Verkehrsmittel, Arbeitsbeschaffung, Altersversorgung, sozialer Wohnungsbau, Gefängniswesen, Kommunikation.

Die Privatisierung war eine Form der Entstaatlichung, die dazu

---

54 Ders. 109–110.

55 Ebd.

56 Vgl. Crouch 2008.

zwang, politische Entscheidungen unter das Diktat des Geldmarktes zu stellen. Bei diesem Vorgang haben die Oberschichten durch Steuersenkungen und Billiglöhne und die Banken durch einen unsauberen Geldmarkt ihre Vermögen deutlich vermehrt, »während Löhne und Sozialleistungen am unteren Rand der Gesellschaft stagnierten oder gar sanken« und von der Geldillusion durch »Staatsverschuldung und Pumpkapitalismus«[57] überdeckt wurden.

Nun steht die nationalstaatliche Demokratie vor dem erpresserischen Druck eines international gewordenen Marktes, der durch die Mobilität seines Industrie- und Finanzkapitals, d.h. durch die Bestimmung von Standorten und die Gewährung von Steuervorteilen, seine Investoren bei Laune halten will. Aber die nationale Politik steht nicht nur unter dem Druck internationaler Investoren, sondern, besonders in Brasilien, unter dem Druck der Agrobusiness-Lobby. Sie und ihre Abgeordnetenfraktion sind die privilegierten Gesprächspartner in der Chefetage der Regierenden. Auch mit Gewerkschaftsführern und Hausbesetzern kommen von Zeit zu Zeit Gespräche in Gang. Bei ihnen geht es ja nicht um Systembruch, sondern nur um Lohnerhöhung und Häuserbau. Die Vertreter indigener Völker wurden strikt abgewiesen, als sie um Gesprächstermine im Regierungspalast baten. Sie wollten, dass ihr Land nicht der exportwirtschaftlich orientierten Monokultur – zum Zuckerrohranbau und für Wasserkraftwerke zur Energieversorgung der Großindustrie – zur Verfügung gestellt wird. Nach den großen Straßenprotesten im Juni 2013 wurde eine Delegation der Indígenas schließlich am 10. Juli im Regierungspalast empfangen. Aber Präsidentin Dilma hatte keinen Verhandlungsspielraum. Das Versprechen einer Wachstumsbegrenzung würde das Organisationsmodell, dem sie, ihre Partei und das ganze Parlament sich verschrieben haben, preisgeben. Das Wort von Präsidentin Dilma ist verpfändet bei den Sektoren von Produktion und Export der Agrarwirtschaft, die ja gleichzeitig den jeweils nächsten Wahlkampf finanzieren.

Im Eingeborenenreservat in Dourados, im südlichen Mato Grosso Brasiliens, leben 14 000 Kaiova Guaraní, zusammengepfercht auf einem Territorium von 3500 Hektar. Auch eine sehr intensive Familienlandwirtschaft kann auf solch engem Raum nicht funktionieren. Daher erhalten die Familien monatlich zwei Basiskörbe mit Grundnahrungsmitteln und 60jährige haben einen Anspruch auf Rente in Höhe eines Mindestlohns (etwa 210 Euro). Aber den Guaraní geht es nicht um Basiskörbe oder um Pensionszahlungen, sondern um das »gute Leben« auf ihrem »heiligen«

[57] Ebd., 111ff.

Boden, in dem ihre Vorfahren begraben liegen. Sie haben ein mystisches, kein kommerzielles Verhältnis zur Erde. Bei der Rückeroberung ihres Landes handelt es sich um die Rettung der Sakralität des guten und würdigen Lebens in einer durchsäkularisierten Geschäftswelt.

Sogenannte Biotreibstoffe, die auf enteignetem Indioland produziert werden, sind soziale Wundherde, weil sie Indios und Kleinbauern, die auf Subsistenzwirtschaft angewiesen sind, ihre Existenzgrundlage rauben. Wenn die Schornsteine der Zuckermühlen, von denen eine jede wenigstens 30 000 Hektar Land benötigt, rauchen und die Produktion für die Exportwirtschaft auf vollen Touren läuft, dann können die Störfaktoren Mensch und Natur durch Sozialmaßnahmen (Bodenrente, Frühpensionierung, Lebensmittelkörbe) und ökologische Nullsummenspiele befristet in Grenzen gehalten werden. Wer die Natur mehr schädigt, entrichtet Ausgleichszahlungen an Fonds mit schwer durchschaubaren Aufgaben zugunsten der Umwelt oder weniger entwickelter Länder. Beim globalisierten Wachstumsdruck, unter den gerade auch die weniger entwickelten Länder geraten, ist das Ende dieser Kooperation zwischen Schafen und Wölfen abzusehen. Die Natur hat ihr Menetekel bereits an die Wand von rissigen Regierungsgebäuden und überschwemmten Amazonashütten gezeichnet.

# Zweiter Teil

# Kritisch Urteilen

# IV. Wegmarken. Im Sog des Zweiten Vatikanums

Das Zweite Vatikanum entwickelte seine Sogwirkung insbesondere in der nachkonziliaren Zeit, in der es um die Verwurzelung des Konzils in Kontexten und um die Hermeneutik vor neuen historischen Herausforderungen ging. Es gab kirchliche Sektoren, die an der Überwindung des Konzils arbeiteten, weil sie von Anfang an das dort angestoßene *aggiornamento* für einen Irrweg hielten. Mit dem Argument, dass heute, 50 Jahre nach dem Konzil, andere Zeiten seien, versuchen diese Sektoren die Kirche und ihren Durchgang durch die Moderne vom Zweiten Vatikanum abzunabeln und gleichsam den Sprung von der Vormoderne in die Postmoderne als Aktualisierung einer überholten Ekklesiologie anzupreisen. Krisenerscheinungen und ein zahlenmäßiger Schwund an Gläubigen schienen ihnen Recht zu geben. Fundamentalistische Positionen, die in der Kolonialzeit normativen Charakter hatten, erhielten nun ihre Rechtfertigung nicht aus der Sache selbst, sondern durch Einschaltquoten, Eventkultur und den Zulauf unpolitischer Bewegungen.

## 1. *Vorkonziliares Lateinamerika*

Auf die Kolonialzeit und Unabhängigkeitskriege zu Beginn des 19. Jahrhunderts folgte in fast allen Ländern Lateinamerikas die Ausrufung der Republik kreolischer Eliten. Brasilien durchlief nach seiner 1822 durch den portugiesischen Thronfolger ausgerufenen Unabhängigkeit bis 1889 eine Zeit des Kaisertums. Gegen die sich auch in Lateinamerika etablierenden liberalen und sozialistischen Bewegungen des 19. Jahrhunderts setzte sich die katholische Kirche, vor allem seit dem Pontifikat Pius' IX. (1846–1878), energisch zur Wehr. In der Enzyklika *Quanta Cura* (1864) und ihrem Anhang, dem sogenannten Syllabus, mit seinen 80 Sentenzen gegen die Moderne fanden die kirchlichen Verurteilungen ihren lehramtlichen Ausdruck. Das I. Vatikanische Konzil (1869–1870) verlieh diesen Abgrenzungsversuchen von der Moderne durch das Unfehlbarkeitsdogma und den Jurisdiktionsprimat des Papstes noch besonderes Gewicht.

Für die katholische Kirche Brasiliens brachte die am 15. November 1889 ausgerufene Republik mit der Trennung von Kirche und Staat die völlig neue Situation einer beängstigenden Freiheit ohne die Privilegien des Kirchenpatronats. Nach einem 400-jährigen Monopol des Katholizismus war die in der republikanischen Verfassung vorgesehene Religionsfreiheit des laikalen Staates, unter der mehrheitlichen Führung der Freimaurer, gewöhnungsbedürftig.

Im Innern der Kirche Lateinamerikas zeigten sich sogleich zwei verschiedene Tendenzen: ein rückwärtsgewandter Ultramontanismus und ein kritischer Republikanismus. Der Ultramontanismus hielt die kirchlichen Privilegien der Kolonialzeit und des Kaiserreichs für historisch erworbene Rechte und fand seine ideologische Heimat im Antimodernismus des Syllabus und in einem durch das I. Vatikanische Konzil gestärkten Papsttum. Bis zum II. Vatikanischen Konzil (1962–65) war es die offizielle Lehre der Kirche, dass dem religiösen Irrtum keine Existenzberechtigung zukomme. Das Kirchenbild der *societas perfecta* war mit dem republikanischen, von der Französischen Revolution geprägten Laizismus nicht vereinbar. Die Akzeptanz des religiös neutralen Staates der Neuzeit bedurfte eines langen kirchlichen Gewöhnungsprozesses. Mit der Zulassung anderer religiöser Kulte, Bekenntnisse und Kirchen fand das religiöse Monopol des »katholischen Brasilien« offiziell ein Ende. Aber von einer Ökumene unter verschiedenen christlichen Bekenntnissen oder einer Makroökumene unter verschiedenen Religionen war man noch weit entfernt.

Wie die Bewegung um den *beato* Antônio Conselheiro (1830–1897) zeigte, der Canudos, das er später Belo Monte nannte, mit 25 000 Jüngern nicht nur zum neuen Jerusalem seiner von urchristlicher Heilserwartung und Gütergemeinschaft geprägten Bewegung, sondern auch zur zweitgrößten Stadt Bahias machte, fand die antirepublikanische Katechese einen besonders fruchtbaren Boden in der Religiosität der einfachen Leute. Militärs der Republik haben Belo Monte erst nach vier Expeditionen und mit dem Aufgebot von 10 000 Soldaten dem Erdboden gleichgemacht.[58]

Im Laufe der Zeit hat sich, gerade auch durch die Akzeptanz der republikanischen Staatsform als eine unter anderen Regierungsmöglichkeiten durch Leo XIII. (1878–1903), auch in der katholischen Kirche Brasiliens ein kritischer Republikanismus durchgesetzt. Damit war jedoch die ideologische Auseinandersetzung mit dem republikanischen Staat, der von Liberalen, Freimaurern, Positivisten und Atheisten getragen wurde, noch lange nicht geleistet.

---

58 Vgl. Vasconcellos 2010.

Zankäpfel besonderer Art in der Auseinandersetzung mit dem laikalen Staat waren der Religionsunterricht in den Schulen und die »Katechese« und Wahrnehmung der indigenen Völker. Unter der autoritären Regierung von Präsident Getúlio Vargas erreichte die katholische Kirche schließlich 1931 die Erlaubnis, im offiziellen Schulsystem den Religionsunterricht fakultativ anzubieten.

Im Jahr 1759, mit der Vertreibung der Jesuiten aus Brasilien, die in den Indiosiedlungen die weltliche und die geistliche Gewalt ausübten und der Ausbeutung der Indigenas als Arbeitskräfte gewisse Grenzen setzten, war die weltliche Gewalt an sogenannte Direktoren übergegangen. Diese waren, so berichtet Tavares Bastos, ihre offiziellen Ausbeuter.[59] Ohne die Arbeitskraft der Indios und afrikanischen Sklaven war die koloniale Wirtschaft nicht aufrechtzuerhalten. Bis zur Ausrufung der Republik war die geistliche Gewalt über die indigenen Völker katholischen Orden und Kongregationen anvertraut. Ab 1889 verschärfte der republikanische Staat seine Aufsichtsgewalt. Der 1910 gegründete staatliche Indianerschutzdienst (*Serviço de Proteção aos Índios* – SPI) wurde 1967 wegen Korruption aufgelöst und durch die *Fundação Nacional do Índio* (Funai) ersetzt. Die vom Positivismus Comtes geprägten Militärs, welche die Regie der Laienkatechese der indigenen Völker an sich gerissen hatten, ließen zwar eine grundsätzliche Sympathie für die Sache der Indios erkennen, freilich in einer evolutionistischen Perspektive der ethnischen Integration in die Gesamtbevölkerung. Nach den Stadien von Religion und Metaphysik würde auch für die indigenen Völker ein wissenschaftlich-zivilisiertes Zeitalter anbrechen. Längerfristig ging es darum, den indigenen Sonderweg endgültig durch Assimilation an brasilianische Mittelklassestandards zu beseitigen. Damit war der anthropologische Status der Eingeborenen mit ihren Religionen offiziell zum Auslaufmodell erklärt.

Unter dem Aspekt der Mission hatten in dieser vorkonziliaren Zeit die Versuche, dem Regionalismus diözesaner Vielfalt eine organisatorische und inhaltliche Einheit zu geben, eine gewisse Bedeutung. Dies geschah durch die Gründung der Nationalen Bischofskonferenz (*Conferência Nacional dos Bispos do Brasil* – CNBB) im Jahre 1952 und die von ihr auf den Weg gebrachten gemeinsamen pastoralen Grundpositionen (*Pastoral de Conjunto*). Auch die Gründung der Konferenz der Ordensleute (*Conferência dos Religiosos do Brasil* – CRB) im Jahre 1954 war in dieser Hinsicht ein wichtiges Instrument für die prophetische Verzahnung

---

[59] Tavares Bastos $^{3}$1975, 204.

von Katechese und Mission. Besonders die Gründung des Lateinamerikanischen Bischofsrates (*Conselho Episcopal Latino-Americano* – CELAM) im Jahre 1955, vorbereitet durch die I. Generalversammlung des lateinamerikanischen Episkopats in Rio de Janeiro (1955), sollte sich als wichtiges Instrument für Evangelisierung, Mission und länderübergreifende pastoraltheologische Eigenständigkeit erweisen, gerade in der Zeit der Militärregierungen.

Noch in diese vorkonziliare Zeit der 60er Jahre fallen die Anfänge der brasilianischen Basisgemeinden mit ihrer Verwurzelung in der Volkskatechese und in der Bewegung der Basiserziehung (*Movimento de Educação de Base*). Die Basisgemeinden (CEBs) waren auf Grund der chronischen Abwesenheit des Klerus von Laien geleitete Gemeinden, die von vielen Bischöfen gefördert wurden. Die CEBs haben sich selbst als Zug beschrieben, der durch Brasilien fährt und die Menschen zur Mitfahrt einlädt. Sie fahren auf den Schienen »Glaube« und »Leben«, auf den Schienen glaubwürdiger Nachfolge und einfachen Zusammenlebens in überschaubaren, oft makroökumenischen Gemeinschaften durch den lateinamerikanischen Kontinent. Die Passagiere dieses Zugs sind Menschen, welche die Herde ihrer Träume von einem guten Leben für alle vor sich hertreiben und gegen die Wölfe verteidigen, die den Zug immer wieder überfallen möchten, die raubgierigen Wölfe des Hungers, politischer Unterdrückung und großkirchlicher Bevormundung.

Neben den Basisgemeinden hatten die Katholische Aktion und die von Joseph Cardijn (1882–1967) gegründete Arbeiterjugend (JOC), Laienbewegungen, die mit belgischen Missionaren in Brasilien Einzug gehalten hatten, eine besondere Ausstrahlung in vorkonziliarer Zeit. Ihre Realitätsanalyse, die in der nachkonziliaren Zeit zum Zankapfel jener Kreise wurde, die mit der Rezeption des Konzils ohnehin Schwierigkeiten hatten, wurde von Papst Johannes XXIII. in seiner Enzyklika *Mater et magistra* (1961) bestätigt. Der Papst schrieb damals: »Die Grundsätze der Soziallehre lassen sich gewöhnlich in folgenden drei Schritten verwirklichen: Zunächst muss man den wahren Sachverhalt überhaupt richtig sehen; dann muss man diesen Sachverhalt anhand dieser Grundsätze gewissenhaft bewerten; schließlich muss man feststellen, was man tun kann und muss, um die überlieferten Formen nach Ort und Zeit anzuwenden. Diese drei Schritte lassen sich in den drei Worten ausdrücken: sehen, urteilen, handeln« (MM 236).

Der Dreischritt »Sehen – Urteilen – Handeln« hat die Basisgemeinden befruchtet und wurde zu einem Strukturprinzip lateinamerikanischer Pastoral und Theologie. Durch eine vom Konzil rezipierte Theologie der

Laien wurde das Bündnis von Basisgemeinden und Realitätsanalyse gefestigt und kann als Voraussetzung gelten für eine Pastoral der Befreiung auf der Basis aller Getauften.

## 2. *Erneuerung im Spannungsfeld von Bruch und Kontinuität*

Wir verstehen die missionarische Erneuerung des Konzils nur, wenn wir uns vor Augen halten, was unter dem Begriff »Mission« bis in die erste Hälfte des 20. Jahrhunderts missionarischer Standard war. Der Anspruch auf das Heilsmonopol der missionierenden Christenheit und die Politik der europäischen Expansion bildeten ein spannungsreiches Junktim, das auch von großen und kleinen Glaubensspaltungen nicht wesentlich in Frage gestellt wurde.[60] Womit sich das Zweite Vatikanum auseinandersetzen musste, ist gut zusammengefasst in einem Satz der Bulle *Cantate Domino* des Konzils von Florenz (1442): »Sie [die hochheilige römische Kirche] glaubt fest, bekennt und verkündet, dass niemand, der sich außerhalb der katholischen Kirche befindet, nicht nur [keine] Heiden, sondern auch keine Juden oder Häretiker und Schismatiker, des ewigen Lebens teilhaft werden können, sondern dass sie in das ewige Feuer wandern werden, ›das dem Teufel und seinen Engeln bereitet ist‹ (Mt 25,41), wenn sie sich nicht vor dem Lebensende ihr angeschlossen haben [...].«[61]

So haben es die Missionare seit dem 16. Jahrhundert nicht auf eigene Faust, sondern kirchlich autorisiert gepredigt. Nur so ist erklärbar, dass Pius XI. Franz Xaver noch im Jahr 1927 zum Patron des gesamten Missionswesens der Kirche ernannt hat. Seine Missionsdoktrin, die auf dem absoluten und exklusivistischen Wahrheitsanspruch der katholischen Kirche bestand, würden wir heute als fundamentalistisch hinterfragen. Der Irrtum, so stand es noch zu Beginn des Konzils in Lehrbüchern des Kirchenrechts, habe keine öffentlichen Rechte, sondern könne nur unter ganz bestimmten Umständen mit der »Duldung« der Staatsautorität rechnen. Die offiziellen Dokumente der katholischen Kirche Lateinamerikas sprechen bis zur ersten Hälfte des 20. Jahrhunderts von einer Kirche, die auf ihr Wahrheitsmonopol pocht, um dadurch die Zivilisation jener »Stämme, die noch in der Ungläubigkeit verharren«, endgültig zu verwirklichen. Das II. Vatikanische Konzil hat mit dem Dekret über die

---

60 Vgl. Reinhard 1983/1985.

61 Denzinger/Hünermann (Hg.) 1991, 468 [Nr. 1351].

Religionsfreiheit einen wesentlichen Grundsatz des modernen Rechtsstaates anerkannt.

Auch innerkirchlich – und das war für den weiteren Verlauf von missionarischer Praxis und Reflexion in Lateinamerika wichtig – hat sich die katholische Kirche im Zusammenspiel von Kontinuität und Diskontinuität erneuert. In seiner Ansprache an das Kardinalskollegium und die Mitglieder der römischen Kurie vom 22. Dezember 2005 hat Papst Benedikt XVI. auf diese Spannung zwischen einer »Hermeneutik der Diskontinuität und des Bruches« hingewiesen, um sich dann für eine »Hermeneutik der Reform« zu entscheiden, bei der es sich dann lediglich um Neuformulierungen alter Wahrheiten handelt. Die Hermeneutik der Reform musste sich, so Papst Benedikt, an den drei großen Fragekreisen des Konzils bewahrheiten:

- erstens am Verhältnis von »Glauben und modernen Wissenschaften«;
- zweitens »musste das Verhältnis von Kirche und modernem Staat neu bestimmt werden«;
- drittens musste das »Problem der religiösen Toleranz« und damit das »Verhältnis von christlichem Glauben und Weltreligionen« und im näheren Sinn auch »das Verhältnis der Kirche zum Glauben Israels« neu bestimmt werden.

Und der Papst machte dann eine Einschränkung zu dem, was er vorher gesagt hatte: »Es ist klar, dass in all diesen Bereichen, die in ihrer Gesamtheit ein und dasselbe Problem darstellen, eine Art Diskontinuität entstehen konnte und dass in gewissem Sinne tatsächlich eine Diskontinuität aufgetreten war.« Natürlich war eine Diskontinuität aufgetreten zwischen dem, was Franz Xaver in Japan verkündet hatte, dass nämlich für die verstorbenen Ahnen nicht mehr gebetet werden solle, weil deren Heil ohnehin endgültig verloren sei, und dem, was sich die Konzilsväter in *Lumen gentium* 16 abgerungen hatten. Auch der Rekurs auf die Schrift ist oft erklärungsbedürftig, wenn etwa der Märtyrer Stephan die Juden pauschal als halsstarrige Gottesmörder anklagt (vgl. Lk 7,51–52).

Als wollte Papst Benedikt unter dem Druck der Gruppe, die Erzbischof Lefebvre nachgefolgt war und die dem Konzil den Bruch mit der Tradition der Kirche vorgeworfen hatte, die Sache von Kontinuität und Diskontinuität in der Schwebe halten, hat er die »tatsächliche« Diskontinuität in derselben Rede doch gleich wieder zurückgenommen. Er sagte dann, dass »in den Grundsätzen die Kontinuität nicht aufgegeben worden war […]. Genau in diesem Zusammenspiel von Kontinuität und Diskontinuität auf verschiedenen Ebenen liegt die Natur der wahren Reform«. In seinem Kommentar zum Zweiten Vatikanum äußerte sich der Konzilstheologe Joseph Ratzinger noch ganz klar. Er zitiert Kardinal Meyer, der am 30. September 1964 in einer wichtigen Rede signalisierte: »Nicht alles, was in der Kirche existiert, muss deshalb auch schon legitime Tradition sein, bzw. nicht jede Tradition, die sich in der Kirche bildet, ist wirklich Vollzug der Gegenwärtighaltung des Christusgeheimnisses, sondern neben der legitimen gibt es auch die entstellende Tradition. [...] Tradition müsse folglich nicht nur affirmativ, sondern auch kritisch betrachtet werden.«[62]

In der oben zitierten Ansprache kommt Benedikt XVI. dann noch einmal auf die vom Lefebvre-Kreis für die Gültigkeit des Konzils geforderte Kontinuität zu sprechen und hält sie weiterhin in der Schwebe: »Das Zweite Vatikanische Konzil hat durch die Neubestimmung des Verhältnisses zwischen dem Glauben der Kirche und bestimmten Grundelementen des modernen Denkens einige in der Vergangenheit gefällte Entscheidungen neu überdacht oder auch korrigiert, aber trotz dieser scheinbaren Diskontinuität hat sie ihre wahre Natur und ihre Identität bewahrt und vertieft.«

Bei vielen missiologischen Neuansätzen hat das Konzil selektiv auf jene Kirchenväter zurückgegriffen, die, ähnlich wie das Konzil, versuchten, dem Evangelium eine Brücke in eine neue Zeit zu bauen, so etwa der Philosoph und Märtyrer Justin (+165), der von den »Samen des Wortes Gottes« (*logoi spermatikoi*) in den heidnischen Kulturen sprach (vgl. *Ad gentes* 11; *Lumen gentium* 17; *Gaudium et spes* 57), oder Irenäus von Lyon (+202) und Eusebius von Caesarea (+339), die versuchten, die heidnischen Kulturen im Raster einer göttlichen Pädagogik als *preparatio evangelica* zu deuten (*Ad gentes* 3).

Das Konzil ist in groben Zügen Thomas von Aquin gefolgt, der – im Gegensatz zu Augustinus – davon ausging, dass zwischen der Schöpfungsordnung und der Erlösungsordnung kein durch die Erbsünde verursachter Bruch besteht. Heute allerdings, 50 Jahre nach dem Konzil, gewinnt ein auf der Augustinischen Theologie lastender Pessimismus gegenüber der irdischen Wirklichkeit, der das Pontifikat Benedikts XVI. geprägt hat, an Boden. Das göttliche Recht, das nach Thomas seinen Ursprung in der Gnade hat, setzt das menschliche Recht, das seinen Ursprung in der natürlichen Ordnung hat, nicht außer Kraft. Die Natur, die zum Wesen der Geschöpfe gehört, kann nicht substantiell verändert oder korrumpiert werden. Nur vor diesem Hintergrund ist die Pastoralkonstitution *Gaudium et spes* »Über die Kirche in der Welt von heute« zu verste-

---

62 Ratzinger 1986, 519–520.

hen, wenn es da heißt: »Vom Beginn ihrer Geschichte an hat die Kirche nämlich gelernt, die Botschaft Christi mit Hilfe der Begriffe und Sprachen der verschiedenen Völker auszudrücken, und hat überdies versucht, ebendiese durch die Weisheit der Philosophen zu erhellen. [...] Diese angepasste Predigt des geoffenbarten Wortes muss freilich ein Gesetz aller Evangelisation bleiben« (GS 44,2).

Kulturen müssen in einem ersten Schritt akzeptiert werden, wie sie sind, bevor man mit ihnen über das Angebot der Erlösung und die erneuernde Kraft des Evangeliums spricht. Weil es keine »vollkommenen« Kulturen gibt, was ja ihrer Geschichtlichkeit widersprechen würde, ist die Begegnung mit dem Evangelium immer durch die Spannung zwischen Inkulturation und kontrakultureller Infragestellung gekennzeichnet. Die Infragestellung anderer Kulturen ohne Inkulturation wäre Kolonisation und eine Inkulturation ohne Infragestellung anderer Kulturen wäre eine ungeschichtliche Anpassung oder Einverleibung und stünde im Widerspruch zum inneren Auftrag des Evangeliums, die Geister zu unterscheiden. Die Kirche, die auf dem Konzil ihr »Ja« zur Moderne gesprochen hat, muss immer auch ein Zeichen bleiben, dem widersprochen wird (vgl. Lk 2,34). Gerade darum ist ja die Realitätsanalyse das wichtige Vorzeichen von Pastoral und Theologie, die Evangelisierung im Licht der Option für die Armen prophetische Verkündigung und die Blindenheilung das letzte und signifikante Zeichen Jesu auf seinem Weg nach Jerusalem.

An zentraler Stelle zitiert das *Dokument von Puebla* (1979) im Rückgriff auf *Ad gentes* (3,2) ein Wort des Kirchenvaters Irenäus zum Prinzip der Inkarnation: »Was nicht angenommen wird, wird nicht erlöst« (*Puebla* 400). So hat das *aggiornamento* Johannes' XXIII. mit einer grundsätzlich positiven Sicht der Welt auch zu einer Anerkennung kultureller Alterität geführt, auch wenn diese in der Erklärung *Dominus Iesus* (2000) der Kongregation für die Glaubenslehre dahingehend wieder zurückgenommen wurde, dass dem religiösen Pluralismus innerkirchlich nur eine Existenzberechtigung »de facto«, nicht aber »de iure« eingeräumt wird (DI 4).

Genau genommen hat das Konzil zwei »Anpassungen« (*aggiornamenti*) auf den Weg gebracht, deren eine die Voraussetzung für die andere ist: einen für die Mission wichtigen kulturellen Rückgriff auf einheimische Kulturen und eine lehrmäßige Erweiterung, die Heil, Erlösung und Seelenrettung nicht mehr auf den Innenhof der katholischen Kirche beschränkt.

## 3. *Zurück zum Evangelium*

Der Zusammenhalt des *aggiornamento* in den einzelnen Konzilsdokumenten verläuft über die folgenden Aussagen, die immer wieder bemüht sind, die Kontinuität zwischen den neuen und den alten Lehraussagen zu betonen. Es gehe der Vatikanischen Synode darum, »die heilige Überlieferung und Lehre der Kirche, aus denen sie Neues, das stets mit dem Alten übereinstimmt, hervorbringt« (DH 1,1), zu erforschen. Der universale Heilswille Gottes schließt unter gewissen Bedingungen Juden, Muslime und Nicht-Gläubige ein, besteht auf der Verantwortung eines jeden vor seinem Gewissen und betont daher die Religionsfreiheit als allgemein anzuerkennendes Menschenrecht. Die Kulturen der Anderen, so die Konzilsaussage, können Teile der Wahrheit in sich tragen und selbst da, wo dies nicht der Fall wäre, müssten sie, gemäß der Gewissenslage eines jeden und aufgrund ihrer normativen Solidaritätsparameter, als Heilswege anerkannt werden. Auch die nichtorthodoxe Religion des Samariters gibt eine gültige Antwort auf die Frage nach dem ewigen Leben.

Im Einzelnen hat das Konzil sich auf folgende verbindliche Lehraussagen geeinigt:

a) »Der Erlöser will, dass alle Menschen gerettet werden« (LG 16; vgl. 1 Tim 2,4).

b) »Die Heilsabsicht umfasst [...] die, welche den Schöpfer anerkennen, unter ihnen besonders die Muslime [...]. Aber auch die anderen, die in Schatten und Bildern den unbekannten Gott suchen, auch solchen ist Gott selbst nicht fern [...]« (LG 16).

c) »Die katholische Kirche verwirft nichts von dem, was in diesen Religionen wahr und heilig ist. Mit aufrichtiger Hochachtung betrachtet sie jene Handlungs- und Lebensweisen, jene Gebote und Lehren, die [...] nicht selten dennoch einen Strahl jener Wahrheit wiedergeben, die alle Menschen erleuchtet« (NA 2,2).

d) Christen und Nicht-Christen sind in das Ostergeheimnis und in die Hoffnung auf Auferstehung mit einbezogen: »Da nämlich Christus für alle gestorben ist und da die letzte Berufung des Menschen wahrhaft eine ist, nämlich die göttliche, müssen wir festhalten, dass der Heilige Geist allen die Möglichkeit anbietet, in einer Gott bekannten Weise diesem österlichen Mysterium zugestellt zu werden« (GS 22,5).

e) »Diejenigen endlich, die das Evangelium noch nicht empfangen haben, werden auf das Volk Gottes auf verschiedene Weisen hingeordnet. In erster Linie freilich jenes Volk, dem der Bund und die Verheißungen gegeben worden sind und aus dem Christus dem Fleische nach geboren ist« (vgl. Röm 11,28–29; LG 16). Christen und Juden haben ein gemeinsames geistliches Erbe, das es nicht erlaubt, von einer Verwerfung und Kollektivschuld des jüdischen Volkes damals oder heute zu sprechen (vgl. NA 5–6).

f) »Die Heilsabsicht umfasst aber auch die, welche den Schöpfer anerkennen, unter ihnen besonders die Muslime, die, indem sie bekennen, dass sie den Glauben Abrahams festhalten, mit uns den einzigen Gott anbeten, den barmherzigen, der die Menschen am Jüngsten Tag richten wird« (LG 16).

g) All diejenigen, welche »das Evangelium Christi und seine Kirche ohne Schuld nicht kennen, Gott jedoch mit aufrichtigem Herzen suchen und seinen durch den Spruch des Gewissens erkannten Willen unter dem Einfluss der Gnade in ihren Werken zu erfüllen versuchen, können das ewige Heil erlangen« (LG 16).

h) »Aber auch anderen, die in Schatten und Bildern den unbekannten Gott suchen, auch solchen ist Gott selbst nicht fern, da er allen Leben und Atem und alles gibt (vgl. Apg 17,25–28) und als Erlöser will, dass alle Menschen gerettet werden (vgl. 1 Tim 2,4)« (LG 16).

i) In ihrem missionarischen Streben achtet die Kirche darauf, »dass alles, was sich an Gutem in Herz und Geist der Menschen oder in den je eigenen Riten und Kulturen der Völker gesät findet, nicht nur nicht untergeht, sondern geheilt, erhoben und vollendet wird [...]« (LG 17).

k) »Die göttliche Vorsehung verweigert auch denen die zum Heil notwendigen Hilfen nicht, die ohne Schuld noch nicht zur ausdrücklichen Anerkennung Gottes gelangt sind und nicht ohne göttliche Gnade ein rechtes Leben zu führen sich bemühen. Was immer sich nämlich an Gutem und Wahrem bei ihnen findet, wird von der Kirche als Vorbereitung für die Frohbotschaft und als von dem gegeben geschätzt, der jeden Menschen erleuchtet, damit er schließlich das Leben habe« (LG 16; vgl. AG 7,1).

l) Gottes allumfassender Wille zur Begnadung aller Menschen schließt die Notwendigkeit der Verkündigung des Evangeliums durch die Kirche nicht aus: »Auch wenn also Gott auf ihm bekannten Wegen Menschen, die das Evangelium ohne ihre Schuld nicht kennen, zum Glauben hinführen kann [...], obliegt der Kirche dennoch die Notwendigkeit und zugleich das heilige Recht, das Evangelium zu verkünden« (AG 7,1; vgl. 1 Kor 9,16).

m) Das Konzil verankert Religionsfreiheit »in der Würde der menschlichen Person«. Dem Recht zur Verkündigung entspricht das Recht der freien Wahl. Religionsfreiheit ist ein Menschenrecht und muss als

Voraussetzung für jede missionarische Tätigkeit betrachtet werden. Dadurch wurde das vorkonziliare Denken vom Primat und Rechtsanspruch der Wahrheit gegenüber Freiheit und Irrtum korrigiert und die Religionsfreiheit einem abstrakten Irrtumsverbot entzogen. Die politisch Verantwortlichen müssen dafür Sorge tragen – so fordert es die »Erklärung *Dignitatis humanae* über die Religionsfreiheit« –, dass »im religiösen Bereich weder jemand gezwungen wird, gegen sein Gewissen zu handeln, noch daran gehindert wird [...] innerhalb der gebührenden Grenzen nach seinem Gewissen zu handeln« (DH 2,1). Der unterschiedliche Gebrauch der Religionsfreiheit ist der Beweis dafür, dass diese Freiheit tatsächlich existiert. Der eliminatorisch-exklusive Gebrauch dieser Religionsfreiheit ist ein Hinweis darauf, dass sie nicht grenzenlos sein kann.

Für einen relativ kleinen, aber eben doch institutionell geschützten Sektor, der dem eurozentrisch-zivilisatorischen Impetus der Kirche, ihren Vorurteilen dem modernen, weltanschaulich neutralen Rechtsstaat gegenüber, ihren Privilegien und ihrem Erlösungsmonopol noch verpflichtet war, stellten die Konzilsbeschlüsse eine große Herausforderung dar. Viele dieser Fragen sind bis heute nicht zur Ruhe gekommen.

Aber es gab auf dem Konzil eben doch eine große Mehrheit, die mit dem Ruf »Zurück zum Evangelium!« bereit war, das koloniale Joch der Entfremdung und Bevormundung samt seinen Auswüchsen in Formen des Zentralismus, Klerikalismus, Eurozentrismus und Paternalismus abzuschütteln. Neue Akteure würden notwendig sein, um die Kirche in der Welt von heute aufnahme-, widerstandsfähig und menschenfreundlich zu erneuern. Diese neuen Subjekte und Akteure haben konkrete Namen: Ortskirchen als Antwort auf den Zentralismus; Laien, die als Volk Gottes vom Konzil der hierarchisch-klerikalen Kirche vorgeordnet wurden; plurikulturelle Weltkirche als Korrektiv zum Eurozentrimus, und schließlich eine neue ministerielle Ausgewogenheit zwischen Männern und Frauen in der Kirche, die in der modernen Gesellschaft selbstverständlich geworden ist. Ja, man muss sich fragen, ob die Sache der Frauenemanzipation und die damit verbundene Genderfrage nicht das letzte von Johannes XXIII. in seiner Encyklika *Pacem in terris* genannte Zeichen der Zeit ist, das als strukturelle Bringschuld von der Kirche bis heute nicht von seinen kulturellen Altlasten befreit wurde (vgl. PT 41).

# V. Neuorientierungen. Nachkonziliare Schwerpunkte

Das Zweite Vatikanum hat viele kirchliche Impulse gegeben, aber keineswegs das Rad der Pastoral Brasiliens erfunden. Eine Pastoralbewegung, die schon vor- und nachkonziliare Zeit, Evangelisierung und soziales Engagement auf integrale Weise verbunden hat, ist die »Bewegung von Natal« im Nordosten Brasiliens. Sie wurde von Eugênio Sales, dem späteren Kardinal von Rio de Janeiro, in den 40er Jahren ins Leben gerufen. Die Blütezeit dieser Bewegung war in den Jahren 1960 bis 1964. In ihr verbanden sich Bewusstseinsbildung, unzählige Radioschulen, Landpastoral, Schulung von Führungskräften, elementare Gesundheitsversorgung, Kooperativismus und Syndikalismus mit Katechese, Evangelisierung, Bibelarbeit, Volksmissionen, Katholischer Aktion und Arbeiterpastoral. Im Einklang mit der christlichen Soziallehre, wie sie auch in *Mater et magistra* (1961) zum Ausdruck kam, verdächtigt von den Großgrundbesitzern und verspottet von revolutionären Sektoren wie den Ligas Camponesas des Francisco Julião, hat das *Movimento de Natal* junge Führungskräfte herangebildet, das Selbstvertrauen der kleinen Leute gestärkt, Klerus und Laien von der Notwendigkeit gemeinschaftlich organisierten Handelns überzeugt. Der Staatsstreich der Militärs im Jahre 1964 sollte vielen dieser Aktivitäten ein jähes Ende bereiten.

Der Weg Lateinamerikas und der Karibik in der nachkonziliaren Zeit war also nicht in allen Einzelheiten direkt vom Konzil beeinflusst, das doch insgesamt mehr von europäischen als von weltkirchlichen Impulsen vorwärtsgedrängt wurde. Wir haben dies bereits an den von Papst Benedikt benannten Fragestellungen und Schwerpunkten des Konzils gesehen. Da ging es eben – so die Interpretation des Papstes – um das Verhältnis von Glauben und Wissen, um Kirche und Staatsverständnis und um Glauben und Weltreligionen. Obwohl es auf dem Konzil nicht um die großen Sorgen Lateinamerikas und der Karibik ging, hat es doch in der nachkonziliaren Zeit wenigstens für einen kurzen Moment den Weg freigemacht, um spezifische Fragestellungen anderer Kontinente zur Sprache zu bringen. Lateinamerika hat die Gunst der Stunde erkannt und in *Medellín* in den kirchlichen Diskurs eingeführt: Wir »erkennen, dass wir uns an der Schwelle einer neuen historischen Epoche unseres Kontinents befinden, die voller Sehnsucht nach Mündigkeit, nach Befreiung von aller Knechtschaft, nach persönlicher Reifung und Integration aller ist« (DM, *Einleitung* 4).

In seinem Rundbrief, den Bischof Hélder Câmara in der Nacht vom 7. auf den 8. Dezember 1965 aus Rom an seinen Freundeskreis in Recife schrieb, schilderte er die bewegenden Vorgänge der letzen Konzilssitzung: »Die Rede des Heiligen Vaters, ihr werdet es sehen, war wunderbar: er hat das Konzil gegen den Anschein verteidigt, wenig von Gott gehandelt zu haben … Aber der Menschen Angelegenheiten zu behandeln bedeutet, Gottes Sache zu verhandeln, vor allem nachdem das Ewige Wort Mensch geworden ist. Wer zum Menschen geht, kommt zum Gott-Menschen, und wer den Sohn sieht, der sieht den Vater … […]. Der bewegendste Punkt war, wie vorgesehen, die gleichzeitige Aufhebung der Exkommunizierungen in Rom und Konstantinopel, Exkommunizierungen, die schon eine traurige Tradition von 10 Jahrhunderten hatten. Als sich der Heilige Vater und der Vertreter von Atenágoras umarmten, bebten die Leute vor Glück und weinten vor Erregung.«[63]

Im selben Rundbrief erwähnt Helder Câmara bereits, dass er zusammen mit Giorgio La Pira, dem kongenialen Freund und Bürgermeister von Florenz, Vorschläge an Papst Paul VI. sammelte für eine Enzyklika über Entwicklungsprobleme der Menschheit, die ja auf dem Konzil nicht genügend bedacht worden waren. Aus diesen ersten Anstößen wurde zwei Jahre später die Enzyklika »*Populorum progressio*. Über die Entwicklung der Völker«.

Für die nachkonziliare Zeit wären viele Schwerpunkte hervorzuheben. Sie haben oft im Gegenwind einer von Politik und Pontifikat ausgemachten kommunistischen Gefahr das Gesicht der lateinamerikanischen Theologie und Pastoral geprägt: die Option für die Armen/Anderen und die Befreiungstheologie, Basisgemeinden und Bibelarbeit, Land- und Eingeborenenpastoral. Kennzeichen dieser Schwerpunkte waren stets eine gründliche Realitätsanalyse, eine ökumenische Grundausrichtung, das Prinzip inkarnatorischer Solidarität und die Präsenz von Laien.

## 1. *Nachkonziliares Lehramt*

Wenn wir dem von Lateinamerika und der Karibik übernommenen Erbe des Konzils nachgehen, so können vorläufig fünf Schwerpunkte fokussiert werden.

[63] Câmara 2009, 325.

a) Aufgrund der Taufe aller Christen hat die Kirche eine missionarische Natur (AG 2, 6, 35; DAp 347). Der Stand der Gnade ist ein »Stand der Mission« (DAp 213) und der »Stand der Mission« ist ein Stand der Freiheit und Verantwortung. Die missionarische Natur der Kirche wurde zum Leitmotiv von *Aparecida* (2007).
b) Die Kirche ist nicht eine Summe von Individuen, sondern »Volk Gottes« (LG 9–17) unter dem Wort Gottes (*Dei Verbum*), das durch Dienstämter für das Heil der Menschheit strukturiert ist. Die Laien nehmen an dieser »heilmachenden Sendung der Kirche« (LG 33,2) teil. Der Satz vom rechten Glaubenssinn, der dem Volk Gottes in seiner Gesamtheit und auf der Grundlage des Wortes Gottes zukommt, d.h. »von den Bischöfen bis zu den letzten gläubigen Laien« (LG 12,1), hat den lateinamerikanischen Basisgemeinden viel Kraft gegeben. Freilich müsste hier über das Verhältnis von Wort und Sakrament neu nachgedacht werden. In *Aparecida* hat die lateinamerikanische Kirche ihre diesbezüglichen Sorgen ganz konkret zum Ausdruck gebracht: »Wenn wir bedenken, dass die Eucharistie das Konstitutiv der Kirche ist, sind wir um die vielen tausend Gemeinden besorgt, die über lange Zeit die sonntägliche Eucharistiefeier entbehren müssen« (DAp 100e). Der leere Altar ist seit Jahrhunderten ein pastoral verheerendes, aber theologisch lösbares Problem.
c) Ziel und Aufgabe der Kirche als »messianisches Volk« sind das Reich Gottes und seine historische Transparenz bis zum Tag der Wiederkunft Christi (vgl. LG 9; 36; DAp 33, 190, 223). Im Dienst dieser Aufgabe hat die Kirche die Pflicht, »die Zeichen der Zeit zu erforschen und im Licht des Evangeliums [...] in einer der jeweiligen Generation angemessenen Weise« (GS 4,1) auszulegen. Damit war die Möglichkeit zur Eingrenzung des historisch gewordenen Ekklesiozentrismus gegeben, welcher der Zugehörigkeit zur Kirche Priorität vor ihrer Dienstfunktion gegeben hatte. Nur in diesem Dienst kann sie selbst Instrument der Erlösung, Zeichen der Gerechtigkeit und Bild der Hoffnung sein.
d) In *Medellín* hat das lateinamerikanische Lehramt einen entscheidenden Schritt von der abstrakten Option für die Menschheit zur konkreten Option für die Armen getan. Schon auf dem Konzil war eine gewisse Sensibilität für *paupertas* und *pauperes* präsent (vgl. GS 88,1; AG 24,2). Eine Option des Konzils für die Armen, die sich wie ein roter Faden durch lateinamerikanische Dokumente und Pastoral zieht, kann daraus jedoch nicht abgelesen werden. Das Schlussdokument der 5. Generalversammlung des Episkopats von Lateinamerika und der

Karibik (2007) hat diese Option nochmals hervorgehoben. In den Armen und Leidenden »Jesus Christus zu erkennen und zu begegnen sowie die Rechte der Ausgeschlossenen zu verteidigen – daran misst die Kirche ihre Treue zu Jesus Christus« (DAp 257).

e) Während es auf dem Konzil berechtigterweise in vielen Diskussionen um die Freiheit der Menschen und Autonomie der irdischen Wirklichkeit, um Dialog und *aggiornamento* ging, haben sich in Lateinamerika und der Karibik verwandte, jedoch nicht deckungsgleiche Leitwörter herauskristallisiert: Befreiung als Kampf um die Selbstbestimmung ehemals kolonisierter und mehrheitlich armer Menschen, Partizipation als Dialog in Prozessen der Transformation und Inkulturation als Verwurzelung in verschiedenen kulturellen Kontexten, die viel tiefer greift als bloße Anpassung an fremde oder neue Bräuche. Durch die Verknüpfung von Gottes Menschwerdung und Erlösung aller Menschen, von Inkulturation und Befreiung, also durch universale Kontextualität, und durch eine grundsätzliche Heilsoffenheit und Dialogbereitschaft mit allen Bekenntnissen, Religionen, Kulturen und der Moderne bekam die Katholizität der Kirche ein ganz neues Gesicht (vgl. GS 22,5). Das Konzil lud dazu ein, das ökumenische Werk als Zeichen der Zeit zu erkennen und daran erfinderisch teilzunehmen (vgl. UR 4,1).

## 2. *Zeichen der Zeit*

Seit der Enzyklika *Pacem in terris* (1963) steht der Begriff »Zeichen der Zeit« für eine aufmerksame Suche nach Gottes Spuren in Geschichte und Kontext. Die Deutung der »Zeichen der Zeit« ist eine gewagte hermeneutische Aufgabe ohne Schlusswort. Dabei geht es also nicht um eine fundamentalistische Identifikation Gottes im Weltgeschehen, sondern um ein neues historisches Bewusstsein, das sich in den Umbrüchen der Moderne herauskristallisiert hat. Die Enzyklika benennt dann auch drei Emanzipationsschübe der Moderne als »Zeichen der Zeit«: die Emanzipation der Arbeiterklasse, der Frauen und der kolonisierten Völker. »Zeichen der Zeit« sind keine wiederholbaren Zeichen eines Naturprozesses – sind nicht Vogelschau oder Wetterbericht (vgl. Mt 16,3) –, sondern Kairos. Dabei sind zwei Momente besonders bemerkenswert:

- Gegen einen gewissen Offenbarungspositivismus steht das Paradigma »Zeichen der Zeit« für den Prozesscharakter der Offenbarung, die sich bis in unsere Gegenwart immer neu ereignet.

– Ferner werden durch den Topos »Zeichen der Zeit« soziokultureller Kontext und Geschichte als theologische Orte benannt, die weit über den Binnenraum der Kirchen in den Welt-Raum hinausreichen. Von den Grenzen der Welt kommen sie auf die Kirchen zu als Korrektiv, Anfrage und Aufgabe.

»Zeichen der Zeit« sind die Flaschenpost Gottes, die aus dem Meer einer säkularen Welt an den Ufern einer auf dem Trockenen liegenden Kirche ankommt. Es geht dabei um kodifizierte Botschaften Gottes an seine Kirche, die weiß, »wieviel sie selbst aus der Geschichte und Entwicklung des Menschengeschlechts empfangen hat« (GS 44,1), oder, wie Hans-Joachim Sander es ausdrückte: »Sie bezeichnen etwas in der Zeit, das für den Glauben entscheidend ist. So wird der Text auch in der Bibel verwendet (vgl. Lk 12,54–57); sie markieren das Reich Gottes unter dem Gesichtspunkt der Ereignisse der Gegenwart.«[64]

Zeichen der Zeit sind aber auch Warnungen, wie das Menetekel, von unsichtbarer Hand an die Wand einer im Rausch der Beschleunigung und des Konsums taumelnden Welt geschrieben (vgl. Dan 5,1ff). Und dieses Menetekel wird nicht von jener unsichtbaren Hand des Kapitalismus, von der uns Adam Smith erzählte, an die Wand geschrieben, sondern von der Hand der unsichtbar gemachten Armen und Anderen. In König Belsazars Palast rief man den Propheten Daniel, um die Schrift an der Wand zu deuten. Lehramtliche Verlautbarungen halten zwar daran fest, dass »die prophetische Dimension ihrem Wesen nach zur evangelisierenden Sendung der Kirche gehört«, aber jene Sektoren, die fest im institutionellen Sattel sitzen, greifen meist nicht auf Propheten zurück, sondern auf entschlossene Jasager, welche die Unterscheidung der Geister schon im Vorfeld vollzogen haben. Sie vergessen dabei, was *Gaudium et spes* seinen Interpreten ans Herz gelegt hat, nämlich auf beständige Fragen der Menschen »in einer der jeweiligen Generation angemessenen Weise« Antwort zu geben, und dass es deshalb notwendig ist, dass »ihre Erwartungen, Bestrebungen und ihr oft dramatischer Charakter erkannt und verstanden werden« (LG 4). Schon im ersten Satz von *Gaudium et spes* wird angedeutet, dass dies die Interpretationsmaxime sein soll.

In einem der sieben Einleitungsreferate zu *Medellín* sprach am 28.9.1968 Eduardo Pironio, damals Weihbischof von La Plata (Argentinien) und Generalsekretär des CELAM und der *Medellín*-Konferenz, zum Thema *Christliche Interpretation der Zeichen der Zeit heute in Latein-*

---

64 Sander 1997, 97.

*amerika.*[65] In seinem viel beachteten Referat sagte Pironio: »Seit der Inkarnation Christi ist jeder historische Augenblick ein Moment der Erlösung.«[66] Die lateinamerikanische »Situation der Sünde« müsse in eine »Realität der Gerechtigkeit«[67] verwandelt werden. »Wir konzentrieren unsere Aufmerksamkeit auf den Menschen. [...] Er ist Subjekt der Erlösung der Kirche«,[68] aber er ist auch »Architekt seiner Zukunft«.[69] Diese Verbindung von lateinamerikanischer Wirklichkeit mit theologischen Grundaussagen in einem Horizont verändernder Hoffnung, wie sie Pironio betont hat, sollte das Wasserzeichen *Medellín*s werden.

Wie hat sich *Medellín* – d.h. das Lehramt der lateinamerikanischen Kirche – pastoraltheologisch mit den Zeichen der Zeit des Jahres 1968 auseinandergesetzt?

Die Erfahrungen von 1968 haben weltweit gezeigt, dass die Strukturen der Gewalt erschüttert werden können. Das kleine Vietnam hat die so mächtigen Vereinigten Staaten moralisch und militärisch in die Knie gezwungen. Studenten, Arbeiter und Campesinos haben Achtungserfolge gegen den sie entmündigenden Autoritarismus des Staatsapparates und seiner Institutionen erzielt. Martin Luther King fiel einem Attentat zum Opfer, aber das Antirassismusprogramm konnte schließlich durchgesetzt werden. Che Guevara wurde nach seiner Ermordung (1967) zur inspirierenden Symbolfigur vieler junger Menschen und politischer Bewegungen. Streiks, Protestmärsche, Universitäts- und Fabrikbesetzungen wurden zu Orten politischer Schulung. Eine Jugend, die nicht bereit war, sich mit dem Ist-Zustand der Welt abzufinden, unterlief veraltete Verhaltensnormen, erstarrte Anpassungsrituale und versuchte mit der Elle des »Prinzips Hoffnung« das Realitätsprinzip neu zu vermessen. Inmitten der Protestbewegung von ’68 ereignete sich eine schöpferische Diskussion über das »Projekt Menschheit«, über Zukunftsentwürfe und Lebenssinn. In Lateinamerika erwuchs aus dieser Diskussion ein neues historisches Bewusstsein, das sich in Bewegungen junger Menschen, in Fabriken und Bauerngewerkschaften, in Basisgemeinden und in der Befreiungstheologie artikulierte.

Drei »Zeichen der Zeit«, die sich auf die eine oder andere Weise in den Beschlüssen von *Medellín* widerspiegeln, können im historischen Kontext von 1968 ausgemacht werden: der Ruf nach sozialer Verände-

---

65 Pironio [5]1970, 101–122.
66 Ebd., 103.
67 Ebd., 106.
68 Ebd., 107.
69 Ebd., 110.

rung und Befreiung (a), der Protagonismus der Unterdrückten (b) und die Notwendigkeit eines neuen Lebensprojekts der Menschheit (c).

a) Alle 16 Einzeldokumente *Medellín*s durchzieht der Ruf nach »einer umfassenden Wandlung der lateinamerikanischen Strukturen« (vgl. DM 1,16). Welches sind die angemessenen Mittel, um diese von allen als dringend erachteten sozialen Veränderungen durchzuführen? Reform oder Revolution? Zwei Tage vor Konferenzbeginn, am 22.8., hatte Paul VI. vor 200 000 Campesinos ausgerufen: »Setzt euer Vertrauen nicht in die Gewalt noch in die Revolution!« Rom und die Mehrheit der lateinamerikanischen Bischöfe hatten verständlicherweise keine Sympathie für eine Revolution durch Bürgerkrieg. Revolution hieß Kuba (1959), Che Guevara, Camillo Torres, Guerilla. Das entscheidende Argument gegen jedwede bewaffnete Revolution war, dass man durch Gewalt keine friedliche Welt konstruieren könne. Zwischen einer neuen sozialen Ordnung und dem Kampf um diese Ordnung besteht eine dialektische Beziehung. Die Mittel eines Kampfes müssen mit seinen Zielen vereinbar sein.
   Welche Widerstandsformen bleiben dann noch übrig? Im Dokument 2, an dessen Ausarbeitung Hélder Câmara und Gustavo Gutiérrez beteiligt waren, erklären sich die lateinamerikanischen Bischöfe verantwortlich für die Verteidigung »der Rechte der Armen und Unterdrückten« (DM 2,22). Sie verurteilen die strukturelle und erste Gewalt, die soziales Elend und Ungerechtigkeit hervorbringt. *Medellín* prangert die Interventionen der »mächtigen Nationen gegen die Selbstbestimmung der schwachen Völker« (DM 2,32) ebenso wie die eigenen Regierungen an, die am Wettrüsten teilnehmen. »Der wirkliche Krieg, den unsere Nationen führen sollen, ist der Kampf gegen das Elend« (DM 2,29). Obwohl im Falle einer »offensichtlichen und lang andauernden Tyrannei, welche die fundamentalen Rechte der Person und das Gemeinwohl des Landes verletzt«, ein »revolutionärer Aufstand« gesetzlich sein könne (DM 2,19), laufe der ordentliche Weg zur Veränderung doch über »Bewusstseinsbildung und Organisation des Volkssektors« (DM 2,18 und 27). Die Denunzierung struktureller und willkürlicher Gewalt, das Einklagen des Selbstbestimmungsrechts und der Appell an die Organisation der Betroffenen sind Aussagen des Lehramtes, die bis heute ihre Aktualität nicht verloren haben.

b) In seiner Eröffnungsansprache zur *Medellín*-Konferenz unterstreicht Paul VI. die Notwendigkeit einer Annäherung zwischen der (hierarchischen) Kirche und den Armen. Eine gerechte Weltordnung setzt voraus, dass »die Menschen nicht Objekte, sondern Subjekte ihrer eigenen Geschichte sind« (DM 1,14a). Die körperliche Nähe zu den Armen und die versprochene »Hilfe zur Selbsthilfe« waren wichtige Impulse für ein neues Verhältnis zwischen Kirche und Volk. Freilich müssten sie auch im Raum der Kirchen strukturelle Konsequenzen haben. Man kann ehrlicherweise nicht für den Protagonismus der Armen in der Welt einstehen und dann innerkirchlich nur die Adressaten neu benennen, diesen aber das entscheidende Wort als Akteuren verweigern. Die Armen-Anderen sind eine konstitutive Instanz der Kiche. In dem mit der Großkirche verzahnten Räderwerk des innerkirchlichen Protagonismus der Armen ist Lateinamerika nach *Medellín* kaum vorangekommen. Diese »Veränderung« wäre, wie die Kopernikanische Wende, kein Eingriff ins Sonnensystem, sondern nur die bewusstseinsmäßige Anerkennung, dass die Sonnenbahn schon immer anders verlaufen ist.

c) Eine nach-christenheitliche Kirche muss sich weigern, konkreten staatlich stukturierten Formen kollektiven Zusammenlebens Modellcharakter zuzubilligen. Sie kann allerdings diesen Charakter sich auch nicht mehr selbst, als *societas perfecta*, zuschreiben. So bleibt ihr Vorschlag eines »Lebensprojekts« sehr formal, einerseits einem fundamentalistischen Naturrechtsbegriff verhaftet; andererseits ist er die utopische Vison eines in die Weltzeit hineinzupredigenden Reiches Gottes als eine dauernde Aufgabe. *Medellín* hat diese Aufgabe auf den Begriff »Befreiung« gebracht.

Die Veränderung von Strukturen der Gewalt, von politischen und sozialen Strukturen, die Durchsetzung einer umfassenden Agrarreform – all dies setzt Befreiung voraus. »Integrale Befreiung« braucht einen »neuen Kontinent«, eine »neue Gesellschaft« mit »neuen Menschen«, die »wirklich frei und verantwortlich« zu handeln wissen (DM 1,3–4; 4,8). Der »neue Mensch« ist einem neuen Wertesystem verpflichtet. Dabei richtet sich *Medellín* selbstkritisch an die junge Generation. Die Jugend finde »überinstitutionalisierte Organisationen und starre Strukturen« unerträglich (5,6). Sie lebe Werte, »welche die verschiedenen Epochen der Geschichte erneuern«. Und diese Jugend erwarte von der Kirche »eine Haltung des Dialogs«, »Dienst ohne Autoritarismus«, »moralischen Rückhalt« bei den sozialen Auseinandersetzungen, fordere »Authentizität« und »Kohärenz« (5,13.15c.). Heute erinnern der »Arabische Frühling« und der »brasilianische Herbst« an liegen gebliebene Aufgaben.

## 3. *Option für die Armen*

Die »Option für die Armen« ist gewissermaßen das Strahlungszentrum für alle anderen pastoraltheologischen Schwerpunkte.[70] Am Ende des Konzils treffen wir einen Papst ohne Tiara, ohne Tragsessel, mit einem Ring, wie ihn alle Bischöfe tragen, Symbol der Kollegialität mit den Bischöfen. Wir treffen einen Papst, dem nun kein »Heiliges Offizium«, sondern eine »Kongregation für die Glaubenslehre« zuarbeitet. Bischöfe hatten während des Konzils an den Papst geschrieben: »Man muss den Namen (›Heiliges Offizium‹) ändern, der sich verhasst gemacht hat; man muss die unmenschlichen Methoden ändern; man muss die Personen, die sich mit dieser Institution identifiziert haben und deren Methoden praktiziert haben, auswechseln.«[71] Eine Institution mit einer 2000jährigen Geschichte, die von Zeit zu Zeit ein gewisses Downsizing vornimmt, trifft deswegen noch keine Option für die Armen. Und doch haben manche dieser Gesten und Diskurse, die sich die Hierarchie während des Konzils mehrheitlich abgenötigt hat, in diese Richtung gedeutet.

Am 16. November 1965 feierten etwa 40 Konzilsväter in den Domitilla-Katakomben eine Eucharistiefeier und die Mehrheit unterschrieb anschließend einen *Pakt der Katakomben.*[72] Sie versprachen in diesem Pakt unter anderem:

- Wir werden versuchen unseren Lebensstil im Hinblick auf Wohnung, Essen und Verkehrsmittel so zu gestalten, wie es dem normalen Leben unserer Leute entspricht.
- Wir weigern uns mit Ehren- oder Machttiteln wie Eminenz, Exzellenz oder Monsignor, mündlich oder schriftlich, angesprochen zu werden. Wir ziehen es vor mit dem evangelischen Namen *Padre* genannt zu werden.
- In unserem Verhalten und öffentlichen Auftreten werden wir alles vermeiden, was den Eindruck von Privilegien und bevorzugter Behandlung erweckt.

Die Geburtsstunde der lateinamerikanischen »Option für die Armen« als Programm des Umbaus einer kolonialen zu einer befreienden Kirche kann auf die II. Generalversammlung des Lateinamerikanischen Episkopates in *Medellín* 1968 datiert werden.[73] Ganz entschlossen, im Dreischritt *Prinzip*, *Umkehr*, *Verpflichtung*, schrieben die Bischöfe im Dokument XIV

---

70 Vgl. Suess 2009, 77–91.
71 Câmara 2009, 321.
72 Kloppenburg 1966, 526–528.
73 Sekretariat der Deutschen Bischofskonferenz 1979.

über die *Armut der Kirche*: »Der besondere Auftrag des Herrn, ›den Armen die Frohe Botschaft zu verkünden‹, muss uns zu einer Verteilung der Kräfte und des apostolischen Personals führen, die den ärmeren und bedürftigeren und aus irgendwelchem Grunde ausgeschlossenen Sektoren wirklichen Vorrang gibt [...]. Wir Bischöfe wollen uns in Einfachheit und aufrichtiger Brüderlichkeit immer mehr den Armen nähern, indem wir ihren Zugang zu uns ermöglichen und leicht machen. Wir müssen das Gewissen zur solidarischen Verpflichtung mit den Armen, zu der die Nächstenliebe uns führt, schärfen. Diese Solidarität bedeutet, dass wir uns ihre Probleme und Kämpfe zu eigen machen und für sie zu sprechen wissen. Dies muss sich in der Anklage der Ungerechtigkeit und Unterdrückung konkretisieren, im christlichen Kampf gegen die unerträgliche Situation, die der Arme häufig erleiden muss, in der Bereitschaft zum Dialog mit den für diese Lage verantwortlichen Gruppen, um ihnen ihre Pflichten begreiflich zu machen« (DM 14,10).

In der schon erwähnten Eröffnungsansprache zur *Medellín*-Konferenz am 24. August 1968 unterstrich Paul VI., dass die Kirche eine Berufung zur Armut Christi habe: »Die Bedürftigkeit der Kirche ist [...] ihr Zeugnis für die Treue zum Evangelium; sie ist Vorbedingung [...] für die Glaubwürdigkeit der eigenen Sendung.«

Und die Delegierten von *Medellín* antworteten dem Papst: »Wir möchten, dass unser Wohnstil und unser Lebensstil bescheiden sind. [...] Wir möchten auf die Ehrentitel verzichten, die einer früheren Zeit angehören [...]. Wir möchten, dass unsere lateinamerikanische Kirche frei wird von irdischen Fesseln, von geheimen Abmachungen und zweideutigem Prestige« (DM 14,12.18). Die größere Nähe zu den Armen solle jedoch nicht deren »legitime Autonomie in den weltlichen Geschäften« beeinträchtigen, sondern sie ermutigen »sich selbst zu helfen« (DM 14,18).

Die Beschlüsse von *Medellín* sind Ausdruck eines neuen historischen Gegenwartsbewusstseins, das sich jedoch noch nicht mit seiner eigenen Geschichte auseinandergesetzt hat. *Medellín* arbeitet mit einem historischen Kurzzeitgedächnis. Subjekte mit sehr unterschiedlichen kollektiven Biographien, wie die indianischen Völker und die Nachfahren afrikanischer Sklaven, werden nicht von dem Makrosubjekt der Armen unterschieden. Die Armen *Medellín*s haben noch keine lateinamerikanischen Gesichter und Namen. Man wird vergeblich in den *Medellín*-Dokumenten nach indigenen Eigennamen (Guaraní, Maya, Quechua) suchen. Ihre Geschichte, ihre Kulturen und Religionen, die in der langen Nacht der Kolonialgeschichte gelitten, aber sich auch widerständig behauptet haben, erfahren keine vertiefte Aufarbeitung (vgl. DM 6,1; 4,3; 1,14). *Medellín* – synchron mit dem linken Zeitgeist – setzt sich nicht mit den historischen Träumen derer auseinander, für die es und zu denen es spricht. Medellín leistet noch keine umfassende Trauerarbeit. Für uns ist es heute ebenso wichtig, uns kritisch mit *Medellín* auseinanderzusetzen, wie es wichtig ist, *Medellín* nicht zu vergessen.

Trotzdem, die in *Medellín* angestoßene Option für die Armen zieht sich wie ein roter Faden durch nahezu alle lehramtlichen Dokumente Lateinamerikas und der Karibik. Sie hat Vorläufer in der Verkündigung Jesu, in der Patristik, in der franziskanischen Bewegung, im Armutsstreit. Aber sie musste sich doch immer wieder neu durchsetzen gegen imperiale, koloniale und barocke Selbstdarstellungsversuche in der Kirche. Die Armutsdebatte konnte auf verschiedene Pastoralszenarien zurückgreifen, die noch kurz vor Konzilsbeginn amtskirchlichen Verwerfungen ausgesetzt gewesen waren. Im Sog des Zweiten Vatikanums jedoch hat sich die Option für die Armen in der nachkonziliaren Zeit durchgesetzt und sich immer wieder neu kontextualisiert bis hin zur 5. Generalversammlung des Episkopats von Lateinamerika und der Karibik in *Aparecida*. Apodiktisch wird dort behauptet, dass die Kirche das »Haus der Armen« sei (DAp 8, 524). Sie verstehe sich nicht als Richterin zwischen Arm und Reich, sondern als Anwältin der Armen (DAp 533). Die vorrangige »Option für die Armen« sei nicht eine Option neben anderen, sondern ein Imperativ, der »all unsere pastoralen Prioritäten und Strukturen durchziehen soll« (DAp 396). Die besondere Liebe und Sorge für die Armen und Bedürftigen sei der Beweis für die Authentizität der Evangelisierung (DAp 382, 707).

Auch die deutschen Bischöfe ließen sich in ihrem Dokument *Gerechter Friede* von Lateinamerika inspirieren, als sie schrieben, dass die Option für die Armen nichts mit Korporativismus zu tun hat, also nicht auf den innerchristlichen Raum beschränkt bleiben darf: »Es geht um die Armen, unabhängig von Rasse, Geschlecht, Religion und Nation. Der Ernstfall unserer Zuwendung sind diejenigen, die, von den Kreisläufen des gesellschaftlichen und wirtschaftlichen Lebens ausgeschlossen, einfach als ›überflüssig‹ erscheinen. […] Kaum etwas ist christlicher, als sich diesen Armen zuzuwenden. *Gloria dei pauper vivens* – die Ehre Gottes ist der leibhaftige, lebendige Arme, so hat Erzbischof Oscar Romero ein Wort der frühen Christenheit für seine Situation ausgelegt.«[74]

Und auch das vom Rat der Evangelischen Kirche und der Deutschen Bischofskonferenz gemeinsam herausgegebene Dokument *Für eine Zu-*

---

[74] Die deutschen Bischöfe 2000, 96 (Nr. 173).

*kunft in Solidarität und Gerechtigkeit* hat die Option für die Armen sehr ernst genommen, wenn es auf den Zusammenhang »zwischen der Option Gottes für die Armen und dem gerechten Tun der Menschen« und damit auf die Abhängigkeit der »Entscheidung über die endgültige Gottesgemeinschaft der Menschen [...] von der gelebten Solidarität mit den Geringsten« eindrücklich hinweist.[75] Es geht also bei der Option für die Armen nicht um eine isolierte Gesellschaftsanalyse Lateinamerikas, sondern um eine aus der Schrift erwachsene christliche Gottesrede. Aufgrund seines Glaubens kann der Christ nur durch die Pforte der Barmherzigkeit Gottes und die der Armen zur Gottesanschauung gelangen. Der reiche junge Mann und der Schriftgelehrte, die nach dem ewigen Leben fragen, werden von Jesus darauf aufmerksam gemacht, dass es da keine Sonderwege, keine Schleichpfade, keine Direktverbindungen und keine Gesetzeswege gibt, die zum ewigen Leben führen, sondern nur den »Umweg« über die Güterverteilung unter die Armen und die Sorge um die unter die Räuber Gefallenen.

Die Armen sind nicht nur Adressaten der Frohen Botschaft, sondern der Ort, an dem Gott präsent ist. In den paradigmatischen Diskursen in der Synagoge von Nazareth (Lk 4), der Seligpreisungen (Mt 5) und der Gerichtsrede (Mt 25), wird Jesus ganz deutlich. Die Vermittler seines Projekts, welches das Reich Gottes ist, sind Arme, Gefangene, Blinde, Hungrige, Fremdlinge, Kranke. Sie sind dies nicht aufgrund ihrer Verdienste, sondern aufgrund der Option Gottes, der sie nicht nur als Berater, Adressaten oder Vermittler seines Projekts erwählt hat, sondern als seine Repräsentanten in der Welt. Die Hingabe an die Sache der Armen fordert oft den ganzen Gehorsam der Nachfolge im Glauben, ohne kompensatorische Gegenleistung von Sympathie, Ethik oder Ästhetik. So sind sie das tutioristische Prinzip der Kirche und der feste Grund unserer Hoffnung. Durch die Barmherzigkeit Gottes ist uns der Opfer wegen Hoffnung auf Erlösung gegeben.

Bei pastoralen Neuorientierungen sollten wir immer wieder auf *Medellín* und die Pastoralkonstitution *Gaudium et spes* »Über die Kirche in der Welt von heute« zurückgreifen. *Gaudium et spes* ist ein Basistext des Konzils, der nicht durch die Filter der Vorbereitungskommissionen gelaufen ist, sondern von den Konzilsvätern selbst angestoßen wurde, wie das ähnlich bei den Schlussdokumenten der Generalversammlungen des Episkopats von Lateinamerika und der Karibik (*Medellín*, *Puebla*, *Santo Domingo*, *Aparecida*) geschehen ist. Durch ihre induktive Methode von

[75] Kirchenamt/Sekretariat (Hg.) 1997, 44 (Nr. 106).

»Sehen – Urteilen – Handeln«, die vom Kirchlichen Lehramt der Konzilszeit anerkannt (MM 235) und anschließend von Lateinamerika und der Karibik aufgegriffen wurde und eine pastorale Wende *versus populum* ermöglicht hat, haben sie viel zum Verständnis der Sendung der Kirche in der Welt beigetragen. Allerdings gehört zum Realitätsbezug, dass wir die Armen nicht idealisieren dürfen und dass wir es in jeder sozial konstituierten Gemeinschaft mit Spreu und Weizen zu tun haben. Die Kirche der Apostel, Propheten, Märtyrer und Heiligen war immer auch eine Kirche der Sünder, eine Kirche von Opportunisten, die, wenn es hart auf hart ging, davonliefen und den Herrn verleugnet haben. Die Kirche war nie, weder in ihrer hierarchischen Verfasstheit noch in ihrer Konstellation als Volk Gottes, eine spannungslose, ideale Gemeinschaft. Es steht uns nicht zu, durch Ausschlussverfahren eine Kirche der »Reinen« historisch zu beschwören.

# VI. *Aparecida.* Missionarische Synthese

Schon vor einem halben Jahrhundert hat das II. Vatikanische Konzil (1962–65) daran erinnert, dass »die ganze Kirche missionarisch und das Werk der Evangelisierung die grundlegende Pflicht des Volkes Gottes ist« (AG 35). Daher »lädt die Heilige Synode alle zu einer tiefen inneren Erneuerung ein, damit sie [...] ihren Anteil am missionarischen Werk bei den Völkern übernehmen« (AG 35). Zum Volk Gottes gehören natürlich auch die Priester, die in Pfarreien tätig sind. Sie sollen »gründlich verstehen, dass ihr Leben auch zum Dienst an den Missionen geweiht ist. [...] Ihre pastorale Sorge werden sie also so ordnen, dass sie der Ausbreitung des Evangeliums bei den Nichtchristen nützt« (AG 39,1). Mission und Pastoral, wie es scheint, laufen hier noch parallel und sind zwei verschiedene Aufgaben. Es kam dann auch gleich aus der Konzilsaula die Anfrage, ob hier nicht ein Widerspruch zu AG 5 vorliege, wo Mission noch ganz als eine Aufgabe der Hierarchie erscheine. Man müsse, so die Antwort der Kommission, jeden Text in Zusammenhang mit den Lehraussagen von AG, Kapitel I, lesen, und dort sei eben gesagt, dass »die pilgernde Kirche ihrer Natur nach missionarisch ist« (AG 2,1).[76]

Unter dem Druck eines innerkirchlichen Exodus unternimmt das *Dokument von Aparecida* (DAp) den Versuch, in einem neuen sozio-historischen Kontext den Ort zu definieren, wo sich die Impulse des Konzils und der besondere lateinamerikanische Weg treffen.

Der Versuch einer »missionarischen Synthese« nach *Aparecida* hat also in diesem Kontext eine doppelte Bedeutung: *Aparecida* folgt dem mit »missionarischer Natur« umschreibbaren missionstheologischen Weg der Weltkirche seit dem II. Vatikanum, betritt aber auch die kontextuellen Pfade der Lateinamerikanischen Bischofskonferenzen mit ihren Schwerpunkten auf der Ortskirche (Gründung des CELAM in Rio de Janeiro 1955), der »Option für die Armen« und der »Befreiung« (*Medellín* 1968), auf »Gemeinschaft und Mitbeteiligung« (*Puebla* 1979) und »Inkulturation« (*Santo Domingo* 1992). Mission »nach *Aparecida*« meint die Doppelbedeutung des Wortes »nach«, das hier sowohl als *secundum*, also »gemäß« *Aparecida*, wie auch als »nach«, als post-*Aparecida*, gelesen werden kann. *Aparecida* ist das Gedächtnis eines langen Weges, ist Syn-

---

[76] Hünermann 2005, 313.

these, Wegkreuzung und neuer Ausgangspunkt zugleich. Wir müssen also von vornherein daran denken, nicht nur Interpreten von *Aparecida* zu sein, sondern auch Wegweiser, die es ermöglichen, über *Aparecida* hinauszugehen.

## 1. *Hinreise*

*Aparecida* hat sich vorgenommen, die Mission der Kirche unter den neuen globalen und kontinentalen Gegebenheiten und in Kontinuität mit den Generalversammlungen in Rio de Janeiro, *Medellín*, *Puebla*, *Santo Domingo* und vor allem mit dem II. Vatikanischen Konzil (1962–1965) zu vertiefen [DAp 9, 11]. Was bedeuten diese einzelnen Stationen auf dem Weg nach *Aparecida*? Was ist davon in den kirchlichen Alltag der lateinamerikanischen Ortskirchen eingegangen?

Zunächst bedeuten diese Stationen immer neue Versuche, mit dem eurozentrischen Geist der Christenheit (*cristandade*) und den Strukturen der Kolonialkirche zu brechen. Das wichtigste Ergebnis von Rio de Janeiro (1955) – damals dachte noch niemand an ein Konzil – war die Gründung des Lateinamerikanischen Bischofsrates (CELAM). Sie bedeutet eine größere strukturelle Eigenständigkeit der lateinamerikanischen Ortskirchen als Voraussetzung für die verschiedensten Versuche der Inkulturation in den Bereichen von Liturgie und Pastoral, Theologie und Ekklesiologie.

Dann kam das Zweite Vatikanum mit seiner Öffnung gegenüber der Moderne durch die Anerkennung der Autonomie der irdischen Wirklichkeit und des ökumenischen, interreligiösen und interkulturellen Dialogs. Im Missionsdekret *Ad gentes* und in der dogmatischen Konstitution *Lumen gentium* betont das Konzil die missionarische Natur und Verantwortung aller Getauften und unternimmt wichtige Schritte von einem territorial bestimmten Missionsverständnis zu einem aus der Trinität erwachsenen Wesensverständnis der missionarisch-gemeinschaftlichen Existenz aller Getauften. Die Liturgiereform mit der grundsätzlichen Anerkennung der Liturgiefähigkeit aller Sprachen und Kulturen, die Ortsveränderung der Altäre von der Kirchenwand zur Kirchenmitte hin, also *versus populum*, um den Mahlcharakter der Eucharistie zu unterstreichen, ohne den Opfercharakter aufzugeben, hatte eine Symbolik, die weit über den nur liturgischen Bereich hinausging.

Von historischer Bedeutung war, drei Jahre nach dem Konzil, die Generalversammlung von *Medellín*. Sie stellte den Versuch dar, die Impulse des Zweiten Vatikanums zu kontextualisieren und die Zeichen der Zeit zu erkennen. *Medellín* ist der Versuch einer Ortskirche, sich selbst, ihren Kontinent und die Welt mit eigenen Augen zu sehen. Aber dieser Blick war noch vom langen Aufenthalt im kolonialen Verlies der Bevormundung getrübt. Die Beschlüsse von *Medellín* sind Ausdruck eines neuen Gegenwartsbewusstseins, das sich jedoch noch nicht mit seiner eigenen Geschichte auseinandergesetzt hat. Kollektive Subjekte mit sehr unterschiedlichen Biographien, wie die indianischen Völker und die Nachfahren afrikanischer Sklaven, werden oft undifferenziert dem Makrosubjekt der »Armen« zugerechnet. Die Armen *Medellín*s haben noch keine spezifischen lateinamerikanischen Gesichter und Namen. Für uns ist die kritische Auseinandersetzung mit *Medellín* ebenso wichtig wie es wichtig ist, *Medellín* nicht zu vergessen.

Drei »Zeichen der Zeit«, die sich auf die eine oder andere Weise in den Beschlüssen von *Medellín* widerspiegeln, können im historischen Kontext von 1968 ausgemacht werden: der Ruf nach sozialer Veränderung und Befreiung, der Protagonismus der Unterdrückten und die Notwendigkeit eines neuen Lebensprojekts der Menschheit. Die Denunzierung struktureller und willkürlicher Gewalt, das Einklagen des Selbstbestimmungsrechts der Armen und der Appell an die Betroffenen, sich zu organisieren, sind Aussagen des Lehramtes, die bis heute ihre Aktualität nicht verloren haben.

Im Dokument über den Frieden, an dessen Ausarbeitung Helder Câmara und Gustavo Gutiérrez beteiligt waren, erklären sich die lateinamerikanischen Bischöfe für die Verteidigung »der Rechte der Armen und Unterdrückten« (Friede III.22) verantwortlich. Sie denunzieren die strukturelle und sogenannte erste Gewalt, die soziales Elend und Ungerechtigkeit hervorbringt. Die Präsenz der Kirche an der Seite der Armen ist konfliktreich. In diesen Konflikten berufen sich die Bischöfe auf den Befreiungswillen Gottes, wie er im Buch Exodus und bei den Propheten zum Ausdruck kommt. Die Zeit nach *Medellín* ist die Zeit der Basisgemeinden, der Option für die Armen, der Befreiungstheologie und vieler prophetischer Stimmen. Die Zeit nach *Medellín* war die Zeit vieler Märtyrer. Sie haben den Traum von einer Kirche, die »authentisch arm, missionarisch und österlich« und gleichzeitig »losgelöst von aller zeitlichen Macht und mutig engagiert in der Befreiung des ganzen Menschen und aller Menschen« (Jugend III.15) präsent ist, nicht zum Alptraum werden lassen.

*Medellín* nannte die anstehenden Probleme beim Namen – »Wir werden keinen neuen Kontinent haben ohne neue und erneuerte Strukturen;

es wird vor allem keinen neuen Kontinent geben ohne neue Menschen, die im Lichte des Evangeliums wirklich frei und verantwortlich zu sein wissen« (Gerechtigkeit, 3) – und sprach von »institutionalisierter Gewalt« (Frieden, 16), die beendet werden müsse – das Thema lautete ja: »Die Kirche in der gegenwärtigen Umwandlung Lateinamerikas im Lichte des Konzils.« Deshalb geriet die Kirche ins Visier der Nutznießer dieser Strukturen. Die herrschenden Oligarchien, die bisher die Kirche in ihrem Kampf gegen den Kommunismus vereinnahmt hatten, betrachteten die Beschlüsse von *Medellín* als eine Bedrohung ihrer Interessenssphären. Ein Jahr nach *Medellín* wurde in Lateinamerika das sogenannte Rockefeller-Dokument bekannt, in dem bestimmte Sektoren der katholischen Kirche als Risikofaktoren bezeichnet wurden. Dies galt besonders für jene pastoralen Sektoren, die mit der »Theologie der Befreiung« verbunden waren. Zur Trockenlegung revolutionärer Sümpfe empfahl das Dokument die Förderung von evangelikalen Gruppen ebenso wie Regierungsumstürze. Mit seinem Militärputsch im Jahr 1964 war Brasilien *Medellín* um vier Jahre vorausgeeilt. Unter dem ideologischen Druck der »Doktrin der Nationalen Sicherheit« folgten weitere nordamerikanische Interventionen in Lateinamerika: 1971 der Militärputsch von Hugo Banzer in Bolivien, 1973 der von Pinochet in Chile, 1976 putschte Videla in Argentinien. Die »Theologie der Befreiung« sah sich in den kommenden Jahren von Staat und Kirche mehr und mehr unter Druck gesetzt. Rom merkte bald, was innerkirchliche Partnerschaft mit einer um koloniale Befreiung ringenden Kirche bedeutet, mit einer Kirche, die den infantilen Gehorsam aufgekündigt hat und die darauf besteht, dass eine mündige Ortskirche keine Filialkirche mit mimetischen Reproduktionsmechanismen zu sein braucht, sondern dass diese Ortskirche, die ihre Geschichte und Kultur als relevant erachtet für die Glaubensverkündigung, dass diese Ortskirche als vernetzte Weltkirche die Bedingung ist für weltkirchliche Katholizität.

Elf Jahre später, in *Puebla* (1979), jetzt schon unter dem Einfluss von Johannes Paul II., versuchte der hegemonische Sektor der römischen Kurie mit seinen lateinamerikanischen Verbündeten, *Medellín* zu entschärfen. Im Vorfeld von *Puebla* bereitete der damalige Generalsekretär des CELAM, Alfonso López Trujillo, eine Verurteilung der Befreiungstheologie, eine Zurücknahme der Option für die Armen und eine Demontage der Basisgemeinden vor. Befreiungstheologen, die in *Medellín* eine wichtige Rolle als Berater gespielt hatten, war in *Puebla* der Zugang zum Tagungsgelände verschlossen.

Aber das Schlussdokument der 3. Generalversammlung des Lateinamerikanischen Episkopates in *Puebla* (26.1.–13.2.1979) blieb inhaltlich und methodisch (»Sehen – Urteilen – Handeln«) den Vorgaben von *Medellín* treu, trotz der Abwesenheit etlicher Befreiungstheologen. Wie kam es dazu?

Zwischen beiden lateinamerikanischen Generalversammlungen fand vom 27. September bis zum 26. Oktober 1974 in Rom die dritte Generalversammlung der Bischöfe statt. Sie hatte die »Evangelisierung in der modernen Welt« zum Thema und arbeitete den missionarischen Auftrag der Kirche in der Welt heraus. Diese Synode fand mit dem nachsynodalen Apostolischen Schreiben *Evangelii nuntiandi* (18.12.1975) von Papst Paul VI. ihren Abschluss. *Evangelii nuntiandi* hat programmatisch, auch für den lateinamerikanischen Kontext, die Fragen der Evangelisierung und des Dialogs mit den Kulturen auf einem nachkonziliaren Niveau vertieft.

Ein anderer Grund für die Kontinuität mit *Medellín* war, dass *Puebla* gleich zu Beginn des Pontifikats von Johannes Paul II. stattfand. Erst die spätere Personalpolitik des Vatikans hat dann fortschrittlich profilierte Persönlichkeiten der lateinamerikanischen Kirche, die sich mit der Sache der Armen solidarisch wussten und daher oft in Konflikt mit den jeweiligen Regierungen gerieten, institutionell isoliert. Viele der Delegierten *Puebla*s waren auch Delegierte von *Medellín* gewesen. Ein besonderes Verdienst kam dem theologisch versierten brasilianischen CELAM-Präsidenten Kardinal Aloisio Lorscheider zu, der einer der Präsidenten *Puebla*s war. Es war ihm, dem Franziskaner aus der Südprovinz Brasiliens, gelungen, zwei für die große Mehrheit akzeptable theologische Achsen im Schlussdokument durchzuhalten: Gemeinschaft und Partizipation. *Puebla* bringt für die lateinamerikanische Kirche neue Aspekte ins pastorale Gespräch mit ein, vor allem die Fragen nach der Rezeption und Artikulation von Kultur und Evangelium. Diese Rezeption ist eine Voraussetzung für viele pastorale Umsetzungen, die das »Prinzip der Inkarnation« erfordert (vgl. Nr. 400, 469).

*Puebla* spricht, im Anschluss an Medellín, vom »Abgrund zwischen Reichen und Armen«, der »ein Ärgernis und einen Widerspruch zum Christsein« (Nr. 28) darstelle. *Puebla* artikuliert mit dieser Analyse die »vorrangige Option für die Armen mit Blickrichtung auf deren umfassende Befreiung« (Nr. 1134). Die Kontinuität mit *Medellín* und dem II. Vatikanum zeigt sich beispielsweise in der Sicht des Verhältnisses, das zwischen Gerechtigkeit und Liebe besteht: »Den Erfordernissen der Gerechtigkeit soll vor allem Genüge getan werden, damit nicht als Gabe der Liebe dargebracht wird, was unter dem Titel der Gerechtigkeit geschuldet wird; die Ursachen der Übel, nicht nur ihre Auswirkungen sollen beseitigt werden« (*Apostolicam actuositatem*, Nr. 8,5). *Puebla* erinnert uns:

»Wenn wir nicht dazu beitragen, die Befreiung zu verwirklichen, die Christus am Kreuz errungen hat, dann verstümmeln wir die Befreiung unweigerlich, und wir verstümmeln sie desgleichen, wenn wir den Kerngedanken der befreienden Evangelisierung vergessen, der darin besteht, dass sie den Menschen zum Subjekt seiner eigenen persönlichen Entwicklung und seiner Entwicklung in der Gemeinschaft macht« (*Puebla* 485).

Die 4. Generalversammlung der lateinamerikanischen Bischöfe in *Santo Domingo* fand aus Anlass der 500-Jahr-Feier der Evangelisierung Amerikas 1992 in *Santo Domingo* statt. Sie stand unter dem von Papst Johannes Paul II. vorgegebenen Leitwort »Jesus Christus gestern, heute und in Ewigkeit« (Hebr 13,8) mit den drei Reflexionsschwerpunkten »Neue Evangelisierung, Förderung des Menschen, Christliche Kultur«. Mit dem *Quinto Centenario*, der 500-Jahr-Feier, war Polemik vorprogrammiert, weil ja »Conquista« und »Evangelisierung der Neuen Welt« aufgrund ihrer historischen und institutionellen Verflechtung nun nicht einfach durch ein Schuldbekenntnis des Papstes entflochten werden konnten.

Polemik war auch mit der Papstmesse am »Leuchtturm des Kolumbus« verbunden, weil dieses Monument von der Regierung der Dominikanischen Republik in einer vorher gebauten großen Parkanlage errichtet worden war, auf dem Grund und Boden vieler armer Leute, die dort ihre Hütten hatten und dann kurzfristig vertrieben worden waren. Der Papst brauchte dann zwar den Leuchtturm des Kolumbus, der gleichzeitig auch Monument, Mausoleum und Museum ist, nicht mehr einzuweihen, konnte aber einer Messfeier am Leuchtturm nicht entkommen.

Die Konferenz von *Santo Domingo* begann mit einer institutionellen Spannung zwischen Sektoren, die endlich mit dem Geist von *Medellín* brechen wollten, und solchen, für welche die fundamentalen Optionen der Befreiungstheologie zur selbstverständlichen Grundausstattung lateinamerikanischer Pastoral gehörten. Die Päpstliche Kommission für Lateinamerika (CAL) hat alles darangesetzt, um der noch irgendwie beschließenden Konferenz von *Santo Domingo* den Stempel einer bloß konsultativen Synode aufzudrücken.

Im Verlauf der Konferenz ist es aber Dom Luciano Mendes aus Brasilien gelungen, das schon seit 1990 festgelegte Thema von *Santo Domingo* (»Neue Evangelisierung, Förderung des Menschen, Christliche Kultur«) zu verändern. So ist im Schlussdokument nicht mehr von »christlicher Kultur« die Rede, die ja von der »christlichen Zivilisation« der Kolonialzeit nicht allzuweit entfernt gedacht werden kann, sondern von »inkulturierter Evangelisierung«. Auch verknüpft *Santo Domingo* Nachfolge mit Inkulturation: »Inkulturation des Evangeliums ist für die Nachfolge Jesu unabdingbar« (Nr. 13). Freilich konnte nicht verhindert werden, dass die Realitätsanalyse, die den Auftakt des Schlussdokuments gebildet hatte, ganz heimlich über Nacht verschwand, um dann versplittert und verstümmelt an verschiedenen Stellen des Textes wieder zu erscheinen. Trotz alledem konnte in *Santo Domingo* die Option für die Armen in die Endfassung des Textes hinübergerettet werden (Nr. 50, 92, 178–179, 200, 275, 296, 302–303).

*Santo Domingo* hat die historischen Gegensätze und Ambivalenzen kirchlicher Präsenz in Lateinamerika und in der Karibik im flüchtigen Augenblick einer Konferenz fokussiert. Es signalisierte die Order eines Rückrufs zu zweideutiger Normalität und Sicherheit – ein *recalling*, wie das bei Autofirmen üblich ist –, weil an den Sicherheitsgurten angebliche Defekte festgestellt worden waren. Hinter den Sicherheitsmaßnahmen lauern die Ängste vor der Umarmung der Armen und Anderen, der Laien und Frauen und die Angst vor dem Verlust des Monopols von Wahrheit und Macht, von Prestige und Privilegien. Ängste sind an der Kette gehaltene Hoffnungen. Ketten können gesprengt, Ängste überwunden werden. Aber die Spannungen zwischen römischem Zentralismus und ortskirchlicher Autonomie bestanden weiterhin und auch die Berührungsängste vor der Realität.

Zu den alten Ängsten kam in *Aparecida* eine neue hinzu: der Zahlenschwund der lateinamerikanischen Katholiken. Evangelikale Gemeinden pfingstlerischer Prägung, afro-amerikanische Kultgemeinschaften, säkularisierte Rituale und Religionslose bieten in einer nach-christenheitlichen Moderne, von der auch Lateinamerika mehr und mehr eingeholt wird, bedürfnisorientierte Auswahlmöglichkeiten.

Dem *Annuarium Statisticum Ecclesiae* zufolge, den das DAp zitiert, betrug das Bevölkerungswachstum Lateinamerikas von 1974 bis 2004 fast 80%, während die Zahl der Priester nur um 44,1% stieg und die der Ordensschwestern sogar nur um 8% (vgl. DAp 100a; 315). Zusammenfassend kann man also sagen, dass ein Priester heute doppelt so viele Gläubige und oft auch ein doppelt so großes Gebiet zu betreuen hat wie vor 40 Jahren, obwohl jedes Jahr ein Prozent der brasilianischen Katholiken zu anderen Kirchen überwechselt. Landflucht und postmoderne religiöse Ortlosigkeit, die Erosion katholischer Volks- und Kulturfrömmigkeit, der Schwund an priesterlicher Präsenz und schließlich eine Kirchenstruktur, die den pastoralen Anforderungen, vor allem an der Peripherie der Großstädte, nicht gerecht wird – all dies hat zu religiösen Migrationsprozessen von einer hegemonischen Religionsgemeinschaft zu beweglicheren religiösen Splittergruppen vor Ort geführt.

Eine statistische Erhebung aus dem Jahr 2004 über 15 296 620 Katholiken, die ihre Kirche verlassen haben, hat ergeben, dass 13,8% zu traditionell evangelischen Kirchen, 58,9% zu evangelischen Pfingstgruppen, 16,3% zu anderen Religionen gegangen sind; 10,9% haben sich für keine neue Religionsgemeinschaft entschieden, 0,1% haben keine Auskunft erteilt.

## 2. *Stolpersteine*

Die Tatsache, dass die Anzahl der Katholiken in Brasilien jährlich um 1% abnimmt, veranlasste die autorisierten Gremien dazu, Brasilien als Land, *Aparecida* als Ort und Mission als Thema für die Durchführung der 5. Generalversammlung des Episkopats von Lateinamerika und der Karibik zu wählen. Manche Kreise hofften, durch die Marienverehrung in *Aparecida* und durch eine dezidiertere Missionierung die statistische Talfahrt aufhalten zu können. So gesehen wäre Mission lediglich ein von der Sorge um den Mitgliederstand geprägtes strategisches und nur auf den lateinamerikanischen Kontinent ausgerichtetes Thema. Aber das Problem ist umfassender. Weltweit anzutreffende leere Kirchen sind immer auch ein Zeichen von schrumpfender Anziehungskraft, von Qualitäts- und Relevanzverlust. Es ist gar nicht so leicht auszumachen, ob der Exodus aus der Kirche nun darauf zurückzuführen ist, dass sie mit dem Evangelium übertrieben streng, vielleicht sogar fundamentalistisch umgeht, oder ob sie die Nachfolge Jesu allzu nachlässig auf die leichte Schulter genommen hat. Die evangelikalen Gemeinschaften, welche die aus der katholischen Kirche Abwandernden aufnehmen, machen den neu Hinzugekommenen das Leben in doppelter Hinsicht – ökonomisch und moralisch – ja nicht so ganz leicht: Sie fordern unter anderem die pünktliche Zahlung des Zehnten und erlauben keine alkoholischen Getränke, verbieten das Rauchen und anderes mehr. Die statistischen Verluste können sowohl auf den Widerstand gegen den Zeitgeist verweisen, der sich schwer tut, langfristig-solidarische Verpflichtungen zu übernehmen; sie können aber auch mit dem Verlust an Tiefe, Radikalität und Glaubwürdigkeit kirchlicher Präsenz in Zusammenhang stehen.

Worin besteht diese Glaubwürdigkeit?

Jede Missionstheologie beginnt mit der Sendung des Sohnes durch den Vater zum Heil der Menschen. Sendung (Mission) ist »nicht eine Art

Eroberungsunternehmen, um sich andere einzuverleiben«, sondern »Zeugnis für die Liebe Gottes, die in Christus erschienen ist«.[77] Nicht kirchliche Statistiken über den sonntäglichen Kirchenbesuch sollten uns erschüttern, sondern die wachsende Zahl der Arbeitslosen, der Straßenbewohner und all derer, die unterhalb der Armutsgrenze ihr Leben zu fristen verurteilt sind. Die Relevanz des Zeugnisses besteht in der Verkündigung der Frohen Botschaft an Arme, Gefangene, Blinde und Gequälte (vgl. Lk 4,18), in der Sendung (Mission) der Apostel, »das Reich Gottes zu verkünden und zu heilen« (Lk 9,2). In der Mission gilt es die therapeutische Kraft des Wortes Gottes auf den Prüfstand der konkreten Kontexte zu stellen. Ein solches Zeugnis erfordert Umkehr und Entäußerung (vgl. Mk 1,15; Lk 9,3), Präsenz und Eingriff in das Rad eingefahrener Verelendung.

Wer kann ein solches Zeugnis geben und wie muss es beschaffen sein, damit es »ankommt«, damit die Menschen nicht aus der Kirche, deren Heilsangebot wir insgesamt nicht nur für das bessere, sondern für das wahre halten, ausziehen und sich anderweitig Orientierung suchen? Missionarisch engagierte pastorale Mitarbeiter, die wegen ihrer Überforderung immer in Eile sind, gleichen häufig mehr Formel-1-Fahrern, die zu kurzen Pit-Stopps an den Häusern der Menschen vorbeikommen, als Jüngern, welche an die Präsenz Gottes unter den Menschen erinnern.

*Aparecida* weist keinen Weg zu einer wirklichen Veränderung der Kirchenstruktur, erinnert aber daran, dass das pastorale Problem dringend einer Lösung bedarf, und macht eine Reihe von Vorschlägen in Bezug auf die Aus- und Weiterbildung des Gottesvolkes und seiner pastoralen Mitarbeiter. Der erste Vorschlag besteht aus einer Folge von Imperativen: Kommt schneller voran! Setzt klare Prioritäten! Entdeckt freiwillige Mitarbeiter unter den Laien! Die Mission der Kirche steht historisch und eschatologisch unter Zeitdruck. An vielen Stellen mahnt das DAp besondere Dringlichkeit an, und dies im pastoralen (DAp 368, 389, 437, 456, 518, 548) und sozialen Bereich (DAp 148, 384, 550). »Die Liebe Christi drängt uns« (2 Kor 5,14), mahnt uns der Apostel Paulus, und wir lesen diese Dringlichkeit als Aufruf, die Strukturen des Todes zu zerstören, die

[77] Joseph Ratzinger, *Überlegungen zum theologischen Fundament der Sendung (Mission) der Kirche*. Der Text wurde für die Unterkommissionssitzung (12. bis 26. Januar 1965), welche das Dekret *Ad gentes* vorbereitete, erstellt und ist veröffentlicht unter: J. Ratzinger, *Considerationes quoad fundamentum theologicum missionis ecclesiae*, in: R. Vorderholzer/Ch. Schaller/F.-X. Heibl (Hg.), Mitteilungen Institut Papst Benedikt XVI., Bd. 4, Regensburg 2011, 15–22.

Logik der Systeme zu unterbrechen und die Langsamkeit der Bürokratie zu hinterfragen.

Aber wer soll das denn alles tun? Darauf gibt das DAp kaum eine Antwort. Die Erkenntnis, dass die Kirche als Gottesvolk eine missionarische Natur hat, hat zwar die Aufgaben missionarischer Sendung auf eine breitere Basis gestellt, aber gleichzeitig vervielfacht. Die Zahl der pastoralen Mitarbeiter dagegen ist eher zurückgegangen. Und genau hier setzt der zweite Vorschlag an: Lasst uns die »missionarische Natur« in allen Getauften entdecken! Schon seit den Anfängen des Christentums war das die große pastorale Aufgabe: Wie macht man aus Leuten, die aus Gründen der Kultur oder Tradition Christen sind, missionarische Nachfolger Christi? Wie macht man aus einem Brasilien der Getauften ein missionarisches Brasilien?

Eine ihrer Natur nach missionarische Kirche in Lateinamerika muss ihr historisches Erbe und ihre Verkündigungsgeschichte aufarbeiten. Wenn sie sich in der Welt umsieht, wird sie feststellen, dass flächendeckende erfolgreiche Mission immer im Schatten militärischer Beihilfe geschehen ist. Wo dies nicht der Fall war, etwa in Asien und Afrika, da ist die katholische Kirche immer eine »kleine Herde« geblieben. Ein realistischer Blick auf die pastorale Wirklichkeit sagt uns, dass eine Gruppe von Getauften kaum über mehrere Generationen hinweg ein »religiöses Virtuosentum« als Modell für den Alltag durchgehalten hat. Solch ein radikales Modell kann nur von Individuen, nicht aber von Gemeinden gelebt werden. Es würde die Gemeinden zu einer Tugendethik verpflichten, der zufolge alle aufgrund ihres Taufversprechens rund um die Uhr an der Verbesserung der Welt arbeiten müssten. Sowohl die institutionelle Orthodoxie als auch die pastoralen Mitarbeiter vor Ort haben einen solchen Eifer nie lange praktisch umgesetzt. Erweckungsbewegungen, Neugründungen von geistlichen Gemeinschaften und Orden haben, wie eben auch Revolutionen, ihre Ideale nur kurzfristig durchgehalten. Auch wenn im DAp viele emphatische Aufrufe die missionarischen Jünger für Heroismus und Heiligkeit begeistern sollen – die katholische Kirche als Institution empfand stets die Virtuosenreligiosität ihrer Propheten und Märtyrer als problematisch, gerade weil sie die Interdependenz und den Parallelismus der Systeme, die sogenannte Systemkonformität, zwischen staatlichen, wirtschaftlichen und religiösen Systemen in Frage gestellt haben und meinten, das religiöse System sei autonom und könne sich unbehelligt von den anderen die Rolle des Protagonisten aneignen. Aber gerade das religiös-ideologische System ist besonders abhängig vom infrastrukturellen System der Wirtschaft. Man könnte grob sagen, je weniger es

Religion und Kirchen gelingt, sich systemisch in dieser Welt einzurichten, desto mehr Freiheit könnte sie in Anspruch nehmen und desto größer wäre der Spielraum für ihre missionarische Natur.

Es ist also unwahrscheinlich, dass sich heutige pastorale Mitarbeiter in charismatische Asketen oder unermüdliche Vollzeit-Propheten verwandeln lassen, so wie es unwahrscheinlich ist, dass Kirche als Volk Gottes ihre missionarische Natur kollektiv auslebt. Weil der Klerus häufig allein schon mit seinen sakramentalen Pflichten überlastet ist, setzt *Aparecida* darauf, dass Laien und kirchliche Bewegungen großzügig missionarische Dienste übernehmen. Aber in einer urbanisierten Welt arbeiten die Laien von morgens bis abends, um ihre Familie zu ernähren. Die Lage auf dem Arbeitsmarkt, besonders in der Großstadt, lässt kaum noch Zeit zu freiwilligem missionarischen Sondereinsatz.

Damit die Diskussion über die »missionarische Natur« und die Forderung nach Gerechtigkeit und Solidarität im Rahmen systemischer Spielräume vermittelt werden kann, reicht es nicht aus, die Fahne der Soziallehre (vgl. DAp 69, 99–100, 100c, 239, 342) zu schwenken und Forderungen an die Politiker zu stellen (vgl. DAp 75–76, 78, 458d, 463e, 474d). Vielleicht sollte man dazu noch einmal in *Octogesima adveniens* von Paul VI. nachlesen: »Es genügt nicht, allgemeine Grundsätze dem Gedächtnis der Menschen einzuhämmern, gute Vorsätze zu beteuern, schreiende Ungerechtigkeiten anzuprangern, mit prophetischem Freimut Strafgerichte anzukündigen; alles das bedeutet nichts, wenn damit nicht verbunden ist das Ernstnehmen der eigenen Verantwortung und ein entsprechend entschlossenes Handeln« (OA 48,2). Es genügt nicht, auf einem schnelleren Tempo der pastoralen Mitarbeiter zu bestehen, Strukturanpassungen in der Ämterfrage aber durch pastorale Großräume oder Massenevents zu umgehen. Der »gute Hirte«, der per Flugzeug eingeflogen werden muss, kann zwar Zeichen setzen, wird aber kaum wirklich pastorale Aufgaben wahrnehmen können.

Auf dem Boden des armen und verwundeten Volkes und ohne den getrübten Blick auf neue Zuwachszahlen muss vor allem an die gelebte Präsenz und qualifizierte Ausbildung von Führungskräften gedacht werden. Die Delegierten von *Aparecida* betonen mehr als 90mal, wie wichtig eine ganzheitliche Ausbildung solcher Führungskräfte ist. Dazu ist es notwendig, dass die Kirche klar Position bezieht zwischen den beiden politischen Projekten, die in Lateinamerika seit über 500 Jahren im Widerstreit liegen. Es ist wichtig, dass die Kirche keine Schiedsrichterfunktion zwischen Eliten und einfachem Volk übernimmt, sondern dass sie, wie es *Aparecida* ausgedrückt hat, »ihre Sendung als Anwältin für Gerechtigkeit und für die Armen« (DAp 395, vgl. 533) versteht. Es gilt Ziele zu definieren, Mittel zur Verfügung zu stellen und bereit zu sein, Strukturen zu verändern.

## 3. *Pluralismus*

*Aparecida* war insgesamt eine Konferenz mit einer ganz eigenen Pluralität, mit Kompromissen, Verboten, flott formulierten Worthülsen und Geistesblitzen. Ganz verschiedene Sektoren haben hier zusammengelebt. Neben den Sitzungen der Bischöfe, die in der Unterkirche von *Aparecida* stattfanden, gab es täglich ein reges Kommen und Gehen der Gläubigen, die diesen Wallfahrtsort besuchten. Ihre Buntheit und Armut standen in einem anregenden Kontrast zu den zuweilen konstantinisch anmutenden Würdenträgern in ihren vereinheitlichten liturgischen Gewändern. Etwas abseits von der Basilika war ein Zelt der Märtyrer aufgebaut worden, das die Basisgemeinden den BlutzeugInnen in diesem zerrissenen Kontinent gewidmet hatten. Täglich kamen Bischöfe und zelebrierten dort die Messe. In *Santo Domingo* (1992) war um Gedenkfeiern für Märtyrer noch sehr kontrovers gerungen worden; hier ging alles in einer entspannten Atmosphäre vonstatten.

Wenn wir einen Blick auf die Delegierten von *Aparecida* werfen, so können wir fünf verschiedene Sektoren unterscheiden. Eine erste Gruppe könnte als Sektor der Befreiungspastoral bezeichnet werden. Er vereinigte kontextuell verwurzelte Bischöfe, deren Herz für die kleinen Leute an der Basis schlägt und die auch, wo notwendig, politisches Engagement und ein prophetisches Wort nicht scheuen. Sie sind die »Überlebenden« von *Medellín*. In *Aparecida* hatten sie in den sogenannten Amerindia-TheologInnen, die insgesamt einer kontextualisierten Befreiungstheologie zuzurechnen sind, eine gut organisierte und kompetente Beratergruppe um sich.

Ein weiterer Sektor könnte als Gruppe der »guten Hirten« bezeichnet werden. Dabei handelt es sich um Bischöfe, die dem Volk Gottes nahestehen, weil sie in ihrer Biographie pastorale Erfahrung an der Basis mitbringen. Sie sind weder theologisch besonders versiert noch charismatisch begabt. Sie waren tüchtige Pfarrer und sind auch als Bischöfe gute Pfarrer geblieben. Weil sie die Probleme an der Basis gut kennen und ohne Ambitionen auf eine weitere kirchliche Karriere sind, haben sie sich bei den Abstimmungen oft mit der Befreiungspastoral verbündet.

Die dritte Gruppe bildeten jene Bischöfe, die aus den sogenannten kirchlichen Bewegungen kommen, wozu aber recht unterschiedliche

Gruppierungen zählen – von den Fokolarini bis zu den Legionären Christi, von der Communio-Bewegung bis zum Opus Dei. Ihr gemeinsamer Nenner ist ein primär spiritueller, bisweilen spiritualistischer Zugang zur Welt. Sie sind zentral organisiert und von den jeweiligen kulturellen und historischen Kontexten nicht sonderlich berührt.

Eine vierte Gruppe möchte ich als »römische Seilschaft« bezeichnen. Zu ihr gehörten vor allem jene Teilnehmer der 5. Generalversammlung, die direkt von der Kurie ernannt wurden und am stärksten darauf drängten, dass bestimmte Themen zur Sprache kamen und andere, wie beispielsweise die Theologie der Indígenas, verboten waren. Es handelte sich dabei um von Rom ernannte offizielle Berater, Theologen, Bischöfe und Kardinäle, die jeweils mit ihrer römischen Sonderautorität wucherten und mit Papstzitaten auf der Universalität ihres Ansatzes bestanden. Sie hatten in allen Episkopaten Lateinamerikas und der Karibik Verbündete.

Eine fünfte Gruppe könnte als »Pragmatiker« bezeichnet werden. Weil sie theologisch nicht definiert war, verkehrte sie zwischen den Fronten und Parteien. Bei den Abstimmungen stärkten sie, von Fall zu Fall, einmal diese und ein andermal jene Gruppe.

Die Präsenz der Wallfahrer in der Oberkirche hat wohl dämpfend auf die Delegierten in der Krypta eingewirkt. Im Schlussdokument stehen alle Positionen friedlich nebeneinander. Während der Generalversammlung gab es weder Sieger noch Verlierer. Auf dem Weg von *Aparecida* nach Rom erlitt das Schlussdokument noch einige Eingriffe. Vor allem der Text über die Basisgemeinden wurde von unbefugter Hand zurechtgestutzt, woraus ersichtlich wurde, wie angstbesetzt an manchen Orten das Verhältnis zwischen Volk und Kirche sein kann.

Und trotzdem kann man das DAp mit einem Schmuckkästchen voller Perlen vergleichen; darin sind einige sehr wertvoll, andere nur aus Glas, alle aber auf einen dünnen Draht aufgefädelt, wie bei einem Rosenkranz, mit seinen glorreichen, freudenreichen und schmerzhaften Geheimnissen. Ich suche also in einer gewissen Einseitigkeit echte Perlen im Text, die dem missionarischen Alltag Auftrieb geben können, ohne mich dabei auf billige Kundgebungen der Freude einzulassen. Dass die »Freude« im Stichwortverzeichnis im DAp 39mal erwähnt wird, ist ein Zeichen für die Präsenz charismatischer Bewegungen in *Aparecida* und kann in einem bischöflichen Dokument eine überhitzte Kompensation sein, wenn man bedenkt, dass das Wort »Kreuz« kein einziges Mal vorkommt (vgl. DAp 214). Trotzdem wollen wir uns stets der Freude und »des Grundes unserer Hoffnung« (1 Petr 3,15) erinnern, die unsere missionarische Berufung tragen.

## 4. *Synthese*

Eingangs sei an einige Grenzpflöcke auf dem missiologischen Feld erinnert, über die *Aparecida* nicht einfach hinweggehen konnte:

- Die Möglichkeit, alle Getauften in missionarische Jünger oder begeisterte Mitarbeiter in den Pfarreien zu verwandeln, ist unwahrscheinlich, weil kaum erwartet werden kann, dass es Missionaren und Missionarinnen gelingen wird, Kulturchristen durch »innere Mission« in Wahlchristen zu verwandeln.
- Die Zahl der pastoralen Mitarbeiter, seien es nun Laien, Priester oder Ordensleute, ist zu gering, um Mission und Sendung nicht nur zeichenhaft, sondern flächendeckend in evangelischer Präsenz zu leben. Die urbanen Verhältnisse lassen wenig Spielraum für eine »nebenamtliche« missionarische Intervention und die kirchlichen Verhältnisse haben enge Pforten für die Zulassung zum »hauptamtlichen« Priestertum.
- In den 50 Jahren postkonziliarer Pastoral hat sich an den hierarchischen Strukturen und am Sakramentenverständnis kaum etwas verändert. Der eucharistische Tisch blieb und bleibt weiterhin leer für die Mehrzahl der Getauften. Die bisherigen Lösungsvorschläge, wie etwa pastorale Großräume, mehr Gebet für Priester- und Ordensberufe, mehr Eifer der zur Verfügung stehenden pastoralen Mitarbeiter, »geistliche Kommunion« am leeren Tisch des Herrn sind pastorale Palliativmedizin.
- Schließlich stellt es eine besondere Herausforderung dar, dass postmoderne, urbane und ländliche Lebenswelten aus der missionarischen Sendung eine kontrakulturelle Aufgabe machen, die gleichzeitig nur in kultureller Nähe, also durch Inkulturation, bewältigt werden kann.

Was kann trotzdem mit evangelisch-pastoraler Hartnäckigkeit getan werden? Wir leben in einer großen Spannung zwischen der Dringlichkeit der Verkündigung des Reiches Gottes, den Herausforderungen dieser Welt und unserer kirchlichen Loyalität. *Aparecida* hat dieses Problembewusstsein, wenn es die folgenden Herausforderungen auflistet:

- der Weggang der Gläubigen, die sich den Sekten und anderen religiösen Gruppen anschließen,
- die kulturellen Tendenzen, die sich gegen Christus und die Kirche richten,
- die Verzagtheit von Priestern angesichts der umfangreichen pastoralen Arbeit,
- der Priestermangel an vielen Orten,

- der gesellschaftlich-kulturelle Paradigmenwechsel,
- das Phänomen der Globalisierung und Säkularisierung,
- die ernsten Probleme von Gewalt, Armut und Ungerechtigkeit,
- die zunehmende Kultur des Todes, die das Leben in all seinen Formen beeinträchtigt (DAp 185).

Zwischen einer freischaffenden Jüngerschaft, die auf eigene Faust arbeitet, und einer leichtfüßigen Unterwerfung unter unzeitgemäße institutionelle Forderungen müssen wir uns immer wieder auf einen Weg kirchenkritischer Loyalität wagen. Bei der Ausschau nach diesem Weg soll versucht werden, in die verbale Weitläufigkeit des Textes von *Aparecida* einige Schneisen zu schlagen, die es ermöglichen, in Gelassenheit und mit einem geschärften Blick für die Wirklichkeit die vom Dokument gemeinte missionarische Synthese wahrzunehmen.

## 5. *Orte: Mission ad gentes, kontinentale Mission, missionarische Pfarrei*

*Aparecida* zeichnet drei konzentrische Aktionsradien für das missionarische Handeln der Kirche: die Mission *ad gentes*, die kontinentale Mission auf dem lateinamerikanischen Subkontinent und die missionarische Pfarrei.

Mission *ad gentes* bedeutet im DAp die »universale Mission« der Kirche: »Wir sind Zeugen und Missionare in den Großstädten und auf dem Lande, auf den Bergen und in den Wäldern unseres Amerika, in allen gesellschaftlichen Milieus, auf den unterschiedlichsten ›Areopagen‹ des öffentlichen Lebens der Nationen, in den äußersten Notlagen des Daseins, und wir übernehmen Verantwortung für die weltweite Sendung der Kirche *ad gentes*« (DAp 548). Heute geht der Missionshorizont *ad gentes* über geografische und juristische Grenzen hinaus: »Tatsächlich sind nämlich nicht nur nichtchristliche Völker und ferne Länder, sondern auch die soziokulturellen Umfelder und vor allem die Herzen die wahren Adressaten der missionarischen Aktivität des Volkes Gottes« (DAp 375). *Aparecida* erwartet »einen neuen Frühling für die Mission *ad gentes*« (DAp 379). Wegen der Ausbeutung afrikanischer Sklaven trägt Lateinamerika immer noch an einer schweren Schuld gegenüber Afrika, und in Asien werden wir alle ganz bescheiden ein Praktikum machen müssen zu Fragen des interreligiösen Dialogs.

Die kontinentale Mission beschreibt das DAp sehr vage. Sie »soll die Kirche in den Zustand permanenter Mission versetzen« (DAp 551). Die feste Entschlossenheit zum missionarischen Handeln geht immer über die Diözesen und über die Landesgrenzen hinaus (vgl. DAp 365). Die kontinentale Mission versucht die kirchliche Gemeinschaft in ihrer Gesamtheit zu erneuern. Sie richtet sich an die Katholiken, die zwar bereits getauft, aber kaum oder wenig evangelisiert sind (vgl. DAp 286). Missionarische Aufgabe wäre es daher wiederaufzunehmen, was einmal »die neue Evangelisierung des Kulturchristentums« (vgl. RMi 33, SD 24) und »Re-Evangelisierung unter den Nicht-Praktizierenden« (RMi 33, 37) genannt wurde. Bei der kontinentalen Mission soll sich laut DAp ganz Lateinamerika in Missionsbereitschaft versetzen (vgl. DAp 213). Wie das geschehen soll, ist allerdings noch völlig unklar. In seinem Approbationsbrief für das DAp vom 29. Juni 2007 äußert sich Papst Benedikt erfreut über diese Kontinentalmission und bringt sie mit dem Apostolischen Brief *Novo Millennio Ineunte* in Zusammenhang. Dort erinnerte Johannes Paul II. an bereits abgehaltene kontinentale Synoden. Es bräuchten keine neuen Programme erfunden zu werden, sondern es ginge darum, das einzige Programm des Evangeliums an die verschiedenen historischen Realitäten der Ortskirchen anzupassen (vgl. NMI 29,3ff).

Schließlich schlägt *Aparecida* etwas pauschal vor, alle »Pfarrgemeinden missionarisch zu gestalten« (DAp 173). Jede Pfarrgemeinde solle »zur Quelle missionarischer Jüngerschaft« (DAp 172) werden, zu einem Ort, an dem die Armen sich zuhause fühlen, wo das Wort Gottes gehört und gefeiert wird (vgl. DAp 175) und wo Menschen eine Sendung erhalten.

Die Pfarrei soll nicht nur die christliche Initiation garantieren, sondern auch »die getauften Erwachsenen, die nicht ausreichend evangelisiert sind, in das christliche Leben einführen; sie soll die getauften Kinder im Glauben erziehen, so dass sie ihre christliche Initiation nach und nach vervollständigen; sie soll die Nichtgetauften, die das *kerygma* vernommen haben und den Glauben kennen lernen möchten, in der christlichen Lehre unterweisen« (DAp 293).

Wie soll man aus den Pfarreien ein Netz von Gemeinschaften machen und sie aus Wartungs- und Verwaltungszentren in »Zentren missionarischer Ausstrahlung« und Fortbildung verwandeln (DAp 306, vgl. 304, 309, 517e)? Die Pfarrgemeinden sind »der bevorzugte Ort, an dem die meisten Gläubigen eine konkrete Erfahrung mit Christus und der kirchlichen Gemeinschaft machen« (DAp 170). Sie werden nur dann pastoral wirksam arbeiten, wenn sie sich mit den sehr verschiedenen Gruppierungen in die »Gesamtpastoral« der einzelnen Diözesen eingliedern (vgl. DAp 169, 170).

Die Pfarrgemeinden müssen »sich mit all ihren Kräften entschieden auf den ständigen Prozess missionarischer Erneuerung einlassen und die morsch gewordenen Strukturen, die der Weitergabe des Glaubens nicht mehr dienen, aufgeben« (DAp 365). Der bloße Vorschlag, die Strukturen in den Pfarreien zu verändern, ohne konkrete Strukturveränderungen einzuleiten, verurteilt viele Vorschläge von *Aparecida* von vornherein zum Misserfolg.

Es gibt noch andere Herausforderungen, die Strukturen betreffen. Darunter werden im DAp besonders hervorgehoben: die territoriale Ausdehnung, die Armut, die Gewalt, die ungerechte Verteilung der Priester auf dem Subkontinent (vgl. DAp 197). *Aparecida* schlägt die Dezentralisierung der Pfarreien vor (vgl. DAp 517k), ihre Entbürokratisierung (vgl. DAp 203), die Vervielfältigung der Mitarbeiter, die Qualifizierung aller, die in den verschiedenen Ämtern arbeiten (vgl. DAp 513, 517, 518), und schließlich die Aufteilung der Pfarreien in Sektoren (372, 518c). Das alles ist nicht ganz neu.

Die Mehrheit der Delegierten in *Aparecida* kannte die Probleme, hatte aber weder die Handlungsfreiheit noch den nötigen Wagemut, neue pastorale Lösungen in Angriff zu nehmen. Die Aufgaben im Bereich des traditionellen »Kerngeschäfts« werden immer mehr und überfordern die Pfarrer und ihre Helfer. In dieser Situation appelliert *Aparecida* an die Laien: »Alle Laien müssen sich für die Ausbildung von Jüngern und für die Mission mitverantwortlich fühlen« (DAp 202). Das wird nicht von alleine geschehen. Es erfordert neue Optionen. »Die größten Anstrengungen müssen die Pfarreien [...] für die Berufung und Ausbildung der missionierenden Laien aufwenden. Nur wenn wir viele Menschen für die Aufgaben gewinnen, können wir die Anforderungen, die heute an uns gestellt werden, erfüllen« (DAp 174).

## 6. *Aufgaben und Verpflichtungen*

Das Vorzeichen aller pastoralen Tätigkeiten ist ihre Missionarität. Dabei geht es um keine spezifische Pastoral, sondern um die Kernstruktur pastoraler Aktivität: »Die feste Entschlossenheit zum missionarischen Tun soll alle kirchlichen Strukturen und alle Pastoralpläne von Diözesen, Pfarreien, Ordensgemeinschaften, Bewegungen und jeder kirchlichen Institution durchdringen. Ausnahmslos jede Gemeinschaft sollte sich mit all ihren Kräften entschieden auf den ständigen Prozess missionarischer Erneuerung einlassen« (DAp 365).

Die pastorale Bekehrung durch die »Leidensantlitze der Armen«, welche die »Leidensantlitze Christi« sind (DAp 393), erzeugt einen neuen pastoralen Eifer für das »Evangelium vom Leben und Solidarität« (DAp 400). »Die pastorale Umkehr unserer Gemeinschaften verlangt, von einer rein bewahrenden Pastoral zu einer entschieden missionarischen Pastoral überzugehen« (370). Die pastorale Fortbildung muss in allen Sektoren eine missionarische Fortbildung sein (vgl. DAp 280). Um dies zu verwirklichen, »sind neue pastorale Verhaltensweisen von Bischöfen, Priestern, Diakonen, Ordensleuten und von Mitverantwortlichen in der Pastoral erforderlich« (DAp 291).

Diese konkreten Situationen stellen die Pfarrgemeinden vor vielfältige Aufgaben. »In Theologie und Pastoral müssen sich Forschung und Studium stärker den Herausforderungen stellen, die von der neuen gesellschaftlich-pluralen, differenzierter gewordenen und globalisierten Realität ausgehen« (DAp 345). Solche Studien seien wichtig für alle Mitarbeiter in der Pastoral. *Aparecida* erinnert mehrfach an die »pastorale Kreativität« (DAp 99c, 345, 403), die eine große Zahl spezifischer Pastoralen entstehen ließ und zu überraschenden Lösungen geführt habe. Das DAp erwähnt einige dieser spezifischen Pastoralen, sowohl städtische als auch ländliche, darunter besonders die Pastoralen für die Obdachlosen (vgl. DAp 407ff), die Migranten (vgl. DAp 411–416), die Kranken (vgl. DAp 417–421), die Drogenabhängigen (vgl. DAp 422–426), die Gefangenen (vgl. DAp 427–430), die Familien (vgl. DAp 435–437), die Kinder (vgl. DAp 437–441), die Jugendlichen (vgl. DAp 442–446), die Alten (vgl. DAp 447–450), die Frauen (vgl. DAp 451–458), die indigenen Völker und Afro-Amerikaner (vgl. DAp 94–96, 529–533).

In der Mehrzahl dieser Pastoralen handelt es sich darum, »bei den Bevölkerungen, die in den durch die rücksichtslose Entwicklung am meisten geschwächten und bedrohten Gebieten leben, stärker pastoral präsent zu sein, um ihre Anstrengungen für eine gerechte Verteilung des Landes, des Wassers und der urbanen Räume zu unterstützen« (DAp 474b). Seit *Medellín* sind viele dieser pastoralen Sorgen im kirchlichen Szenarium von Lateinamerika und der Karibik gegenwärtig. Über diese Pastoralen ad extra hinaus kann man im DAp eine große pastorale Sorge ad intra erkennen, die Sorge um die Arbeiter im Weinberg des Herrn, ihre Auswahl in der »Pastoral der Berufung«, ihre Ausbildung, ihre Weiterbildung und ihre Standfestigkeit bei aller Überlastung durch pastorale Aufgaben (vgl. DAp 195–200, 314–327).

Das DAp unterscheidet Verpflichtungen, die nur mit großen Schwierigkeiten übernommen werden können, von Verpflichtungen, die andere spezifische Pastoralen oder nur allgemein genannte Gruppen (Jünger, Laien, Ordensfrauen, Pfarreien, Regierungen) schon übernommen haben oder übernehmen müssten. Schließlich benennt das DAp Verpflichtungen, welche die V. Lateinamerikanische Bischofskonferenz als Auftrag für die Gesamtkirche übernimmt.

Ich beschränke mich in diesem Zusammenhang auf die letztere Kategorie. Die V. Lateinamerikanische Bischofskonferenz verpflichtet sich als Lehramt dazu:

- »die Herausforderungen der Realität« zu hören und sich in ihnen zu engagieren (DAp 285),
- »dafür zu arbeiten, dass unsere Kirche in Lateinamerika und der Karibik mit noch größerem Eifer unseren ärmsten Geschwistern zur Seite steht, sogar bis hin zum Martyrium« (DAp 396), und die vordringliche Option für die Armen erneuert (vgl. DAp 399),
- eine entschlossene Sozialkatechese zu organisieren (vgl. DAp 505),
- eine große Mission dieses Subkontinents zu initiieren (vgl. DAp 362, 376, 551),
- für eine Zukunft zu arbeiten, in der mehr Würde und Gerechtigkeit herrschen (vgl. DAp 536, 363),
- auf der Seite der indigenen Völker zu sein, ihre Identität und ihre Organisationen zu stärken und die Gesellschaft über die Realität und die Werte der indigenen Völker aufzuklären (vgl. DAp 530),
- die Ökumene zu stärken, die in einer Forderung des Evangeliums begründet ist, und damit unseren Gemeinden den Sinn des Taufversprechens deutlich zu machen (vgl. DAp 228),
- die Verpflichtung zum interreligiösen Dialog nicht aus den Augen zu verlieren, die anderen Religionen besser kennen zu lernen und uns um die Ausbildung von kompetenten Partnern für einen interreligiösen Dialog zu kümmern (vgl. DAp 238),
- dem Evangelium des Lebens und der Solidarität einen wichtigen Platz in unseren Pastoralplänen zu verschaffen und eine effektivere Ausbildung und Beteiligung der Laien zu sichern (vgl. DAp 400).

Papst Franziskus hat in seiner Begegnung mit den brasilianischen Bischöfen am 27. Juli 2013 *Aparecida* als Schlüssel zum Verständnis der Sendung der Kirche interpretiert: »Es gibt etwas Immerwährendes, das man in *Aparecida* über Gott und über die Kirche lernen kann; eine Lehre, die weder die Kirche in Brasilien noch Brasilien selbst vergessen dürfen.« Und dann gibt der Papst dem *Dokument von Aparecida* im Zusammenhang mit der Entstehungsgeschichte dieses Marienwallfahrtsortes eine überraschend aktuelle Grundlage: »Am Anfang des Geschehens von

Aparecida steht die Suche der armen Fischer. Viel Hunger und wenig Ressourcen. Das Volk braucht immer Brot. Die Menschen gehen immer von ihren Bedürfnissen aus, auch heute. […] Trotz der Anstrengungen sind die Netze leer. Und dann, wenn Gott will, ist er selbst in seinem Geheimnis plötzlich da. […] Und Gott ist auf neue Weise gekommen, denn Gott ist Überraschung: ein Bild aus zerbrechlichem Ton, eingedunkelt von den Wassern des Flusses, gealtert auch durch die Zeit. Gott tritt immer im Gewand der Spärlichkeit herein. Das also ist das Bild der Unbefleckten Empfängnis. Zuerst der Leib, dann der Kopf und dann das Wieder-Zusammenfügen von Leib und Kopf: Einheit. […] Die Kirche darf diese Lektion nicht vernachlässigen: Werkzeug der Versöhnung zu sein. Die Fischer schätzen das Geheimnis, das ihnen im Fluss begegnet ist, nicht gering […]. Sie werfen seine Bruchstücke nicht weg. Sie warten auf die Fülle. […] Auch die Kirche muss dieses Abwarten lernen. Dann bringen die Fischer das Geheimnis nach Hause. Die einfachen Leute haben immer Platz, um dem Geheimnis Raum zu geben. Wir haben vielleicht unser Sprechen über das Geheimnis auf eine rationale Erklärung verkürzt; bei den Leuten hingegen kehrt das Geheimnis über das Herz ein. Im Haus der Armen findet Gott immer einen Platz. […] Es gibt viel zu lernen aus diesem Verhalten der Fischer. Eine Kirche, die dem Geheimnis Gottes Raum gibt; eine Kirche, die dieses Geheimnis in sich selbst beherbergt, so dass es die Leute entzücken und anziehen kann. […] Gott lässt sich nach Hause tragen. Er erweckt im Menschen den Wunsch, ihn in seinem Leben, in seinem Haus, in seinem Herzen zu bewahren. Er erweckt in uns den Wunsch, die Nachbarn zu rufen, um seine Schönheit bekannt zu machen. Die Mission geht genau aus dieser göttlichen Faszination hervor, aus diesem Staunen der Begegnung. Wir sprechen von Mission, von einer missionarischen Kirche. Ich denke an die Fischer, die ihre Nachbarn rufen, um das Geheimnis der Jungfrau zu betrachten. Ohne die Einfachheit ihres Verhaltens ist unsere Mission zum Scheitern verurteilt.«[78]

In die Synthese von *Aparecida* müssen der Exodus aus überholten Strukturen und die Hoffnung, dass nicht alles einfach so weitergehen wird, hineingenommen werden. Wer nur Einzelteile an einer verrosteten Apparatur auswechselt, ohne daran zu denken, das Ganze zu verändern, der führt die Armen im Kreis herum. Um der Sache all derer willen, die unter die Räuber gefallen sind, stehen wir an der Baustelle einer samari-

[78] www.vatican.va (27.07.2013, Papst Franziskus).

tanischen Kirche (vgl. DAp 26, 176, 419). Dort erwartet uns Gott »mit der List des Bettlers«.[79]

[79] Ebd.

# Dritter Teil

# Solidarisch Handeln

# VII. Glaubenspraxis. Befreiungstheologie in Szenarien des Widerstands

In einem der Kriegsszenarien seines in Venedig (1956) preisgekrönten Filmes *Die Harfe von Birma*[80] lässt der Regisseur Kon Ichikawa die Filmkamera über einen Berg verstümmelter japanischer Soldaten gleiten, während im Hintergrund die Melodie von »O Haupt voll Blut und Wunden, voll Schmerz und voller Hohn« zu hören ist. Durch Kriegspropaganda getäuscht, hatten die meisten Japaner an den Sieg geglaubt, bis sie schließlich, am 15. August 1945, erstmals die brüchige Stimme ihres Kaisers im Radio vernahmen, der ihnen die Kapitulation und Besetzung ihres Landes mitteilte.

Unter getöteten Angreifern, verwundeten Verlierern und beschädigten Siegern fällt es oft schwer, Ursachen und Folgen, individuelle Verantwortlichkeiten und kollektive Schuld am Leid, das anderen zugefügt wurde, auszumachen. Und das »Voll Schmerz und voller Hohn« bekommt dadurch noch die aller Vernunft spottende höhnische Dimension trostloser »Unzurechnungsfähigkeit«. Da ist keine Stimme im brennenden Dornbusch zu hören, der widersprochen werden könnte, kein Gesang im Feuerofen, der von den Überlebenden als Heldenlied weitergesungen werden könnte. Analysen der Realität, Kategorien der Interpretation und Imperative der Aktion greifen nicht ineinander. Und wenn ich mich nicht mit der Rolle des Zuschauers abfinde, werfe ich mich dem jeweils Stärkeren in die Quere unter der impliziten, jedoch nicht immer beweisbaren Voraussetzung, dass der Stärkere wohl im Unrecht ist.

## 1. *Liturgische Sprachlosigkeit*

Eine virtuelle Kameraführung ermöglicht einen Schwenk in die neuere Zeitgeschichte, wo Szenarien »voll Schmerz und voller Hohn« zum weltweiten *Set* der Abendnachrichten gehören. Im Mai 2002 besuchte ich während des Vierten Ökumenisch-Lateinamerikanischen Treffens der *Teologia India* in Asunción, Paraguay, eine Gruppe von Indios Guaraní,

80 Nach dem gleichnamigen Roman von Makeyama Michio (1903–1984): *The harp of Burma*, 1946.

die sich am Rand der riesigen Schutthalde der Metropole angesiedelt hat. Etwa 5000 Menschen leben dort vom Müll der Wegwerfgesellschaft, den Aasgeier ihnen streitig zu machen versuchen. In Hinterhöfen rund um die Schutthalde stehen Kreuze, die darauf hinweisen, dass dort Neugeborene, die im Müll gefunden wurden, begraben sind. »Ein solches Grab im Hinterhof bringt Glück«, sagen die Leute. Ein junger Mann führte mich über den Berg. Einige der Müllsammler nickten ihm freundlich zu, andere unterbrachen ihre Arbeit und tauschten ein paar Erinnerungen mit ihm aus. Der Begleiter erzählte dann, dass er vor einigen Jahren am Fuß dieser Schutthalde seine Priesterweihe erhalten habe. Es gab nachträglich einen besorgten Briefverkehr mit der römischen Kongregation für den Gottesdienst und die Sakramentenordnung wegen des für eine Priesterweihe unangepassten liturgischen Ortes. »Kann sich die Weiheliturgie am Rande solcher Müllhaufen würdevoll abspielen?« lautete die Anfrage.

Das lokale Müllaufkommen der Konsumgesellschaft produziert Berührungsängste und liturgische Sprachlosigkeit. Kann an solchen Orten noch irgendetwas gefeiert werden? Die universell-autoritäre Ästhetik der Kirchenordnung wirft einen strafenden Blick auf die Ethik des Widerstands, die sich im kontextuellen liturgischen Mitspiel immer wieder durchsetzt. Bei formalistisch distanzierten Liturgien hat die Konsumkultur leichtes Spiel. Geschwätzig prägt sie neue Namen, überspielt Ängste durch die Inszenierung machtvoller Repräsentation und gibt – durchaus missionarisch und kontextuell aseptisch – die kundenbezogene Losung »totaler Qualität« aus. Liturgisches Franchising garantiert Markentreue.

## 2. *Auf zur Landnahme!*

Ein neuer Schwenk mit der Kamera führt zu einer Landbesetzung am Rande der Kleinstadt Franco da Rocha, etwa 50 km außerhalb von São Paulo. Wir schreiben den 25. September 2003. Ich fahre mit Dom Pedro Casaldáliga, dem Bischof von São Félix do Araguaia im Staat Mato Grosso, zu dieser Landkommune, die ich seit ihrer nächtlichen Aussendung zwei Jahre vorher in lockerer Solidarität begleite. Während einiger Monate waren diese Menschen »voll Schmerz und voller Hohn« von der Straße aufgelesen und darauf vorbereitet worden, sich der Landlosenbewegung anzuschließen. Ihr gelobtes Land würde ein bescheidenes sein, ohne Milch und Honig. Aber sie bräuchten dort keine Bierdosen mehr zu sammeln; bräuchten nicht mehr vom Müll der Wegwerfgesellschaft oder von kleinen Diebstählen an der Straßenampel zu leben, sondern würden

Bohnen pflanzen und ein paar Hühner halten und auf einem Stück Gemeinschaftsland leben.

Ich sah damals verhärmte alte Leute vor mir, verängstigte Mütter, oft allein gelassen mit ihren Kindern. Ein paar junge Abenteurer waren mit dabei, Transvestiten, Aidskranke, Menschen, geprägt von der Straße. Noch nie hatte ich vor einer so pluralen Gemeinde die Schrift interpretiert. Ich bat einen der Abenteurer dieser Nacht, einen Text aus dem Buch Exodus (Ex 14,15) zu lesen, in dem die Befreiten aus Furcht vor dem Roten Meer und aus Angst vor der Freiheit wieder in die Sklaverei zurück wollen. Jahve legt daraufhin einem verzweifelten Moses das Wort in den Mund: »Sag dem Volk, sie sollen vorwärts gehen!« Und wir wiederholten damals den Bibelvers wie ein Mantra oder einen *speech act*: »Sag dem Volk, sie sollen vorwärts gehen!« Ich bat dann alle zu antworten: »Wir werden vorwärts gehen! (avançaremos!)« War das populistische Anbiederung oder fundamentalistische Anleihe? frage ich mich heute. War das jener billige Katechismus, mit dem gestern die Kinder zum Nachplappern von Schüttelreimen erzogen wurden? Kommt man mit so einem Leitwort zum Berg Horeb? Die Frage war nicht zu entscheiden in jener Nacht und noch heute scheint sie mir offen. Wir haben uns später und in ganz anderen Kontexten mit diesem »avançaremos!« noch oft Mut gemacht.

Beim Aufbruch aus São Paulo versuchte ich den Leuten zu vermitteln, dass Obdachlosigkeit und Hunger kein Schicksal seien. Sie hätten keinen Grund, dem Käfig der Straße, dem sie nun entkommen würden, nachzutrauern. Die Landbesetzung ist ein wichtiger Schritt, der über nächtliche Notunterkünfte hinausgeht. Dahinter stehen Organisation und das Bewusstsein, dass es möglich ist, noch einmal anzufangen.

Nach Mitternacht kamen dann die Omnibusse und brachten die 250 Obdachlosen ins Landesinnere, nach Franco da Rocha, wo sie dann über zwei Jahre in improvisierten »Häusern« Unterschlupf gefunden haben: vier Holzpflöcke und eine Plastikplane darüber. In der Zwischenzeit haben alle, die dort durchgehalten haben, ihr Häuschen gebaut und einen bescheidenen Lebensunterhalt gefunden.

## 3. *Das neue Leben und seine Herausforderungen*

Zwei Jahre später, bei einem Gottesdienst, jetzt schon im »Gelobten Land«, sprachen die Leute über ihr Gottvertrauen. »Ja, woher habt ihr denn euren Mut zum Widerstand?«, fragte ich. Senhor Sergio begann spontan Psalm 24 zu rezitieren: »Der Herr ist mein Hirte, nichts wird mir fehlen.« Er konnte den Psalm von vorn bis hinten auswendig. Bei den Fürbitten fiel ihnen nichts ein, worum sie bitten sollten; bei der Danksagung fanden sie kein Ende.

Ich könnte auch von der improvisierten Schule auf dem besetzten Land berichten, von der Freude über die ersten Anpflanzungen, aber auch von der *Escola Nacional Florestan Fernandes*, welche die Landlosenbewegung (MST) in Guararema im Staat São Paulo betreibt. Es handelt sich dabei um eine höhere Landwirtschaftsschule, auf der technisches Wissen vermittelt wird und politische Schulung stattfindet. Es sollen dort keine überholten pädagogischen Universitätsmodelle kopiert werden, sondern es geht der Schule um jenes Wissen, das zur Befreiung der Landarbeiter führen kann, um neue soziale und ökologische Beziehungen, um Wissenschaft im Dienst des Lebens, ohne die Privilegien von Kapital, Land, Kommunikationsmitteln und Expertenwissen. An der Universität des Staates São Paulo (USP) wird demnächst ein Kurs für Agrarpädagogik exklusiv für die MST eingerichtet werden. Das ist viel besser als einzelne Studienfreiplätze in den hergebrachten Universitätsstrukturen. Die Landfrage soll dort alternativ zum Agrobusiness vom kollektiven und familiären Ackerbau her aufgerollt werden. Die Studenten, die von den Landansiedlungen der MST kommen, kehren während des Studiums immer wieder in ihre Siedlung zurück, die sie während der Zeit des Studiums auch finanziell trägt.

Doch zurück zu unserem Besuch mit Bischof Casaldáliga, der die Aufgabe hatte, Öffentlichkeit zu schaffen. Acht Leute der Landlosenbewegung waren im Gefängnis. Für Insider handelt es sich um politische Gefangene. Die Medien sprechen von Ordnungsbrechern. Um 15 Uhr nehmen alle an einer *mística* teil, einer schlichten Zelebration, mit Symbolen, Liedern, Schriftlesung, Reden. »Das Land wird euch bald gehören«, sagt Dom Pedro prophetisch. Um seine Worte symbolisch zu unterstreichen, gibt er den Verantwortlichen seinen Bischofsring. Sie sollen ihn dort eingraben.

Natürlich gab es unter den Umsiedlern auch Leute, die wieder zurück auf die Straße gegangen sind, weil sie es in diesem »Gelobten Land«, in dem Drogen und Alkohol verboten sind, nicht aushielten. Die Straße ist trotz aller Gewalttätigkeiten auch verlockend. Das Reich der Freiheit ist ohne Erlösung von »alten Lastern« nicht zu haben. Oh, die Straße hat es in sich! Manche Beschädigungen, die sie verursacht, besonders bei Kindern, sind irreparabel. Auch in der Großstadt gibt es Kaspar-Hauser-Menschen.

Heute ist es noch schwieriger geworden, Leute von den Straßen São

Paulos für den Marsch zu einer solchen Landkommune zu gewinnen. Schwester Maria, die auf dem gewonnenen Land lebt, führt drei empirische Gründe dafür an. Erstens kommen viele Menschen auf der Straße heute nicht mehr aus dem Landesinnern und haben also nie auf dem Land gearbeitet. Die Großstadt selbst, wo sie aufgewachsen sind, hat sie ausgesiedelt, weil sie ihre Miete nicht mehr bezahlen konnten oder arbeitslos geworden sind. Zweitens ist der »Wohlstand« auf der Straße größer geworden. Es gibt kollektive Herbergen und karitative Essensplätze. An der Verkehrsampel kommen Bettler relativ schnell zu dem Groschen, den sie für das Überleben brauchen. Drittens sind sehr viele Straßenbewohner heute geistig geschädigt und können für eine Landnahme nicht gewonnen werden. Es wird noch andere Gründe geben.

In einer Zeit, in der sich der Ackerbau auf großflächige Monokulturen und Maschinen eingestellt hat, ist es schwieriger geworden, seinen Lebensunterhalt auf einer kleinen Landparzelle subsistenzwirtschaftlich zu fristen. Es dürfte auch ein Generationenproblem mitspielen. Lust und Laster der umliegenden Dörfer und Kleinstädte haben auch auf die in der Landkommune herangewachsenen Jugendlichen eine große Anziehungskraft. Ist es überhaupt möglich, in einem voll durchorganisierten und für die Eliten gut funktionierenden System der Unfreiheit und Ausbeutung nicht nur kleine befreite Inseln des guten Lebens aufrechtzuerhalten, sondern sich auf Horizonte jenseits eines realen Systembruchs hinzubewegen? Der Geruch der Fleischtöpfe Ägyptens kann heute künstlich in Spraydosen hergestellt werden.

*Minima Moralia ad hoc*: Die Geschwindigkeit, mit der Leben beschädigt werden, darf nicht größer sein als die unserer solidarischen Reparaturarbeit. Zeit ist nicht Geld, aber sie ist kostbar und befristet. Die Evangelisierung, bei der es um die Erhaltung der bedrohten oder um die Wiederherstellung der verlorenen Menschenwürde geht, ist ein ganz konkreter Aspekt der Option für die Armen. Die Liebe drängt.

## 4. *Vergangenheit und Gegenwart*

Ich erinnere mich an das Portal des Bamberger Doms, wo die 12 Apostel auf den Schultern der Propheten stehen und in die Zukunft schauen. Bischöfliche Propheten können dem Volk beim Kreuztragen helfen, wie Simon von Cyrene. Aber weil das Christentum, seit es »Religion« wurde, stets die Wirkung eines *phármakon* hat, das im Altgriechischen die Bedeutungen »Heilmittel« und »Gift« hatte, sehe ich am selben Fürstenportal auch den Schwesternzwist zwischen »Synagoge« und »Ecclesia«, deren Statuen dann aus Witterungsgründen in den Dom hereingeholt wurden. Die Synagoge ist als Blinde dargestellt. Ihre ursprüngliche, von der Wand abgerückte Säule hat lange als Pranger gedient.

Meine Gedanken schweifen zurück in der Kirchengeschichte, wo Bilder und Heilige oft Taten der Gewalt, Vorurteile und weltlose Passivität evoziert haben, anstatt produktive Glaubensvorbilder zu sein. Aus dem heiligen Jakobus, dem im Befreiungskampf gegen die muslimischen Mauren angerufenen »Maurentöter«, wurde in Lateinamerika der Indiotöter (*Mataindios*). Die Heiligtümer von Santiago de Cuba, Guatemala und Chile legen (neben vielen anderen Orten) davon ein beredtes Zeugnis ab. In Portugiesisch-Amerika wurden schon vor der Schlacht von Lepanto (1571) solche Glaubenssiege gegen Indios *Nossa Senhora da Vitória* (Unserer Lieben Frau vom Sieg) geweiht.[81] Bekleidet mit einer weißen Tunika, einem goldenen Königsmantel, mit einer Krone auf dem Haupt und der Siegespalme in der rechten Hand, gleicht sie der von Kaiser Gracian aus dem Forum Romanum entfernten heidnischen Göttin Victoria. Sie stürzt nicht mehr die »Gewalthaber« vom Thron, erhöht nicht mehr die »Erniedrigten«. Sie ist die Siegerin über die unterworfenen Indios. Die erste Pfarrei Brasiliens, in Bahia do Salvador, haben die portugiesischen Eroberer der »Frau vom Siege« geweiht. Aber die indigenen Völker Lateinamerikas wussten auch die marianische Ideologie zu ihrem evangelischen Ursprung zurückzuinterpretieren, wie die Marienerscheinung von Guadalupe, Mexiko, zeigt. Die von den Portugiesen angerufene »Indiotöterin« wurde von den Eingeborenen oft zur letzten und hilfreichen Zufluchtsinstanz, wie die vielen Marienheiligtümer und die dort gelebte Frömmigkeit der einfachen Leute zeigen.

Während ich über die Repräsentationen des Todes nachdenke, die als Beutestücke der Sieger in unseren Kathedralen herumstehen und in unserem Gedächtnis abrufbar sind, ruft eine junge Aktivistin: »Und jetzt sperren wir die Bundesstraße Anhanguera ab, als Zeichen der Solidarität mit unseren politischen Gefangenen und als Protest dagegen, dass die Bürgermeisterin Marta Suplicy (von der Arbeiterpartei) von São Paulo auf dem Flecken Land, den wir schon zwei Jahre besetzt haben, eine Müllverwertungsanlage bauen will.« Es wird gemunkelt, dass die Firma, die diese Anlage betreiben wird, den nächsten Wahlkampf finanziert.

Alle rennen mit ihren roten Fahnen auf die Autobahn und sperren sie in beiden Richtungen. Bald kommen Polizei und Hubschrauber. Auto-

---

81 Vgl. Megale $^{3}$1997, 465–469.

schlangen bilden sich in beiden Fahrtrichtungen. Inmitten des Wirrwarrs: solidarische »Mitläufer« wie Casaldáliga und ich, Pedro und Paulo.

Auf der abgesperrten Straße, mitten unter den Leuten und doch alleine, kommen mir eine Menge Einwände gegen mich selbst – ein Bündel von Unbehagen zwischen Interpretation und Aktion. Isolierte Aktionen sind doch ohne Wirkung im Hinblick auf das Ganze der sozialen Wirklichkeit! Willst du deine Loyalität zu den Armen beweisen durch Anbiederung auf der Straße? Brauchst du das, um deine Theologie dann mit der Zierleiste »praxisrelevant« schmücken zu können? Legitimationsfragen vor dem jeweils nächsten Buch – man kennt das. »Ich agiere, also bin ich«, habe ich den Schülern gegenüber immer als schlechte Praxis denunziert. Kann Theologie so einfach durch Praxis auf der Straße demonstriert werden? Ist das nicht die Vorzensur der Theorie durch die Praxis, von der Adorno sprach, der magische Blick auf das, was herauskommt, mit seinem archaischen Zwang? Das wäre doch das Ende des Traums von einer anderen Welt, die im Zugriff sich in Rauch und Asche verwandelt.

Aber die Frage nach Brauchbarkeit kann auch nicht-utilitaristisch gestellt werden, als die Frage nach der Verknüpfung von heils- und lebensgeschichtlicher Relevanz des Theologietreibens mit Gratuität. Vor so vielen Kosten-Nutzen-Rechnungen, die nicht aufgehen, wird die Frage nach Gratuität immer mehr zur Gretchenfrage des Christentums, gerade weil Gratuität – als positive Asymmetrie – die Bedingung ist für Gewaltlosigkeit, jenseits von kapitalistischen Marktstrukturen und diesseits reziproker Tauschverhältnisse.

Dann schiebt jemand plötzlich eine verkrüppelte junge Frau auf dem Rollstuhl vor mich hin und ihr Anblick »voll Spott und voller Hohn« und doch auch voll Würde bringt mich wieder zurück auf den Boden des besetzten Landes. Ich sehe Dom Pedro, in ein Gespräch mit den Polizisten verwickelt. »Demonstrieren und streiken ist ein Recht des Volkes«, sagt er zu den Ordnungshütern, die nervös und resigniert zustimmen. Wahrscheinlich bezieht er sich auf die Unterbrechung des Straßenverkehrs.

## 5. *Eine dichte Geschichte der Hoffnung*

Nach einer halben Stunde wird die Straße freigegeben. Rückzug aufs besetzte Land. Dort kommt ein Kameramann auf mich zu mit der Frage: »Sie als Theologe, was haben Sie hier bei der Straßenabsperrung verloren? Erklären Sie das doch für unsere Zuschauer.« Mit anderen Worten: Bei den Landlosen, ist da nicht auch Theologie land- und ortlos? Und ich höre die Frage nach dem theologischen Kerngeschäft heraus. Diese im Grunde fundamentalistische Frage nach dem Kerngeschäft taucht heute überall auf. Was kann vom kirchlich-pastoralen Handeln alles weggestrichen werden, um seine Relevanz vor den Menschen und seine Legitimation durch das Evangelium Jesu Christi nicht zu verlieren? Ist diese Frage, bei der Finanzexperten und Glaubenshüter gemeinsames Spiel treiben, nicht überhaupt falsch gestellt? Wie also in diesem Augenblick die Sprache des Handelns übersetzen in die Sprache der Theologie für Menschen, die am Fernsehgerät sitzen, gewappnet mit Vorurteilen gegen alles, was sie in ihrer Ruhe aufstören könnte? Ich unterschlage viele meiner Zweifel und stelle zwei Fragen.

Was ist hier geschehen, heute Nachmittag?

Es handelt sich um eine dichte Geschichte der Hoffnung, Heilsgeschichte also: Auszug aus der Sklaverei als symbolische Unterbrechung des Ganzen, Gang durch die Wüste der Megalopolis, Landnahme bedroht durch die Müllverbrennungsanlage, die hier gebaut werden soll, Erinnerung an politische Gefangene und verweigerte Agrarreform. Für den Gott der Bibel, sage ich dann, ist »Erinnern« eine Sache der Wahrheit. Die Ohnelandbewegung ist nicht durch den Fluss Lethe gegangen, durch den in der griechischen Mythologie die Toten zu gehen hatten, um alles zu vergessen, sondern durch das Rote Meer – daher die roten Fahnen! –, den Fluss des Nicht-Vergessens von Befreiung, den Fluss *a-lethe*. *A-lethe*, *aletheia* (αληθεια), das bedeutet »Wahrheit«. Was Wahrheit und Lüge, Heil und Unheil, Sünde und Gnade sind, können wir nicht ohne die Armen, nicht ohne die unter die Räuber Gefallenen, nicht ohne die Anderen wissen. Das wollte ich wohl alles gesagt haben. Ob es mir damals so einfiel, kann ich nicht mehr sagen.

Wozu Theologie? Sie ist keine Formel des Glücks, kein Rezeptbuch für Trost, sondern die Interpretation einer Landkarte der Hoffnungen, welche die Armen begleiten. Daher gilt auch für Theologen: »An ihren Früchten sollt ihr sie erkennen« (Mt 7,20), an ihren Wegen und nicht an ihren Formeln, weil ja selbst mit der vermutlich falschen Theologie der Samaritaner das Richtige getan werden kann, während allseitig abgesicherte Orthodoxie oft anthropologische Notstände hinter Tempelmauern erzeugt. Jesus von Nazareth war kein Maurer, sage ich in die Kamera. Er hat keine elfenbeinernen Türme, keine Tempelmauern hochgezogen. Er war Zimmermann; er hat Türen gemacht für eine offene Welt, und Boote, um vom Ufer der Ungleichheit zum Ufer einer Welt ohne Privilegierte und einer Welt für alle zu rudern. Die Früchte der Theologie sind dichte Beschreibungen von artikulierten Hoffnungen, die im Widerstreit von Gründen für die noch ausstehende Versöhnung sich zeigen.

Durch den Hinweis auf Zeichen der Gerechtigkeit (Gerechtigkeit der Auferstehung!) und Bilder der Hoffnung lehnt sie sich auf gegen alle falschen Versprechen der Totalität. Das Ganze der »letzten Dinge«, um die es geht, kann sie nicht konzeptuell, sondern nur parabolisch und symbolisch als *pars pro toto* und als *coincidentia oppositorum* (Cusanus), also mystisch, vermitteln. Dem harten Kern des falschen Lebens spaltet die hier vertretene Theologie durch ihre Präsenz an den Orten der Unterbrechung jenes Quäntchen Sinn ab, das mehr ist als Widerstand gegen billigen Trost und opportunistische Einpassung.

## 6. *Amparo Maternal*

Noch ein Schwenk mit der Kamera zum *Amparo Maternal*, einer Geburtenklinik für die Armen im Herzen von São Paulo. Durchschnittlich kommen dort jeden Tag 30 Kinder zur Welt. Im Amparo werden alle Mütter aufgenommen, die keine Krankenversorgung haben. Die meisten kommen von der Straße oder aus Elendsvierteln und sind irgendwo auf der Flucht vom Landesinnern in die Großstadt. Viele sind ledige Mütter aus zerrütteten Familienverhältnissen. In einem Zimmer sah ich 10 Kleinkinder, die auf eine Adoption warteten. Auch Mütter, die nach der Geburt nicht wissen wohin, können eine gewisse Zeit in der Klinik bleiben. Sie helfen bei einfacheren Arbeiten mit und werden in nachmittäglichen Kursen darauf vorbereitet, wieder im »normalen menschlichen Leben« Fuß zu fassen. Aber was ist hier schon normal? Ich sah viele freiwillige Helferinnen und Helfer aus allen Berufsschichten, die die Mütter begleiten, von der Aufnahmepforte bis zur Türe, durch die sie dann mit ihrem Baby wieder hinausgehen.

Die Hälfte der Unkosten des Amparo wird durch eine Kette der Solidarität bestritten, beispielsweise durch die Pfarrei zum Heiligen Expedito. Der heilige Expedito, zuständig für dringende Notfälle, ist einer der populärsten Heiligen Brasiliens. Da hat sich der Pfarrer gedacht, alle, die in einer dringenden Not Hilfe bekamen, könnten auch anderen in einem dringenden Anliegen helfen. Früher gab es da unendlich viele Votivtafeln und Spruchbänder, etwa mit der Aufschrift: »Der heilige Expedito hat geholfen.« Der Pfarrer sagte also ganz aufklärerisch seiner Gemeinde: »Das Geld für die Spruchbänder könnt ihr euch sparen und ihr könntet einen Basiskorb mit Lebensmitteln bringen, den wir dann an den Amparo Maternal weitergeben.«

Als ich mit der verantwortlichen Leiterin des Amparo sprach, kam die Leiterin einer Basisgemeinde vom Stadtrand und brachte 50 Reais (etwa 20 Euro) in Kleingeld. Es war die Kollekte einer Novene zum heiligen Expedito. Es gibt einen Zusammenhang zwischen politisch aufgeklärter Basisgemeinde, Weihnachtsnovene, Heiligenverehrung, zweistündiger Fahrt morgens zum Arbeitsplatz und dem *Amparo Maternal*.

Das ist alles sehr beeindruckend. Unter den gesellschaftlichen Bedingungen, die den *Amparo Maternal* produzieren und notwendig machen, wird es den *Amparo Maternal* wohl noch lange geben. Damit will ich sagen, dass es Optionen geben muss, die der Option für die Armen noch andere Dimensionen hinzufügen. Das Wohlstandsgefälle ist das Endprodukt von Ellenbogengesellschaften, welche die Stärkeren schon im Vorfeld von Bildung und Ausbildung, von Erbschaft, Auslese und Ausschluss so privilegieren, dass sie, von der Mehrheit der Armen abgekoppelt, in ihre eigene Umlaufbahn um den Planeten Wohlstand, Konsum und Verschleiß eingetreten sind. Mit Barmherzigkeit und Umverteilung allein, mit Suppenverteilung im Obdachlosenheim und monatlichen Lebensmittelkörben kann diese Armut und Ausschluss produzierende Struktur kaum aufgebrochen werden.

Wenn mich Freunde fragen, was aus der in Medellín proklamierten »Umwandlung Lateinamerikas im Lichte des Konzils« geworden sei, denke ich an den Pfarrer der Gemeinde vom Heiligen Expedito, an die ehemals Landlosen auf der Straße, an all diejenigen, die ihr Leben für das Leben anderer eingesetzt haben. Der Herweg der Gnade und der Hinweg der Solidarität kreuzen sich. Religion braucht nicht »Opium für das Volk« zu sein, sondern kann auch Außenbordmotor der Solidarität und der Hoffnung sein in einem oft trüben Fluss des beschädigten Lebens.

## 7. *Martyrium*

Ein letzter Schwenk der Kamera zu Szenarien mit der Hintergrundmelodie »O Haupt voll Blut und Wunden«. Schon das Zweite Vatikanum (1962–1965) hat auf den Zusammenhang zwischen Jüngerschaft, Einsatz für die Armen und Martyrium hingewiesen (LG 42b; AG 5b). Die Bischofskonferenz von Medellín (1968) hat diesen Zusammenhang dann noch einmal besonders der rebellierenden Jugend von 1968 ans Herz gelegt und der Kirche empfohlen, »dass sich in Lateinamerika immer leuchtender das Gesicht einer wirklich armen, missionarischen und österlichen Kirche zeige, losgelöst von aller zeitlichen Macht und mutig engagiert in der Befreiung des ganzen Menschen und aller Menschen« (DM, Jugend, III, 15a).

Bei allen Einwendungen, die kirchenamtlich gegen die Befreiungstheologie vorgebracht wurden, darf nicht vergessen werden, dass diese Theologie und ihre Option für die Armen vielen Menschen zu einer neuen Glaubwürdigkeit ihres Christentums verholfen haben. Durch die Nähe zu den Armen und im Kampf um die Gerechtigkeit der Auferstehung, die den von den Mächten dieser Welt dekretierten Tod der Unterdrückten zunichte macht, wurden sie zu Glaubenszeugen, die bereit waren, für die größere Sache »einer Welt für alle« ihr Leben aufs Spiel zu setzen, in der Praxis der »größeren Liebe« und im Kampf für die »größere Gerechtigkeit«: Lunkenbein (+1976), Missionar aus Deutschland bei den Bororo, Santo Dias (+1979), streikender Arbeiterführer aus São Paulo, Marçal (+1983), Indio Guaraní aus dem Mato Grosso, und Vicente Cañas, Missionar aus Spanien, der sich für die Vermessung des Territoriums der Enawene-Nawe eingesetzt hatte (+1987).

Es waren sehr viele, die dem Traum und der Wirklichkeit des Reiches Gottes ihr Leben geopfert haben. »Eine Welt für alle«, das war der gemeinsame Nenner, auf den sich ehemalige Marxisten mit ihrer Utopie einer klassenlosen Gesellschaft, Indígenas mit ihrem Traum vom »Land ohne Übel« (*Terra sem Males*) und Christen mit ihrem Glauben an die historische und eschatologische Dimension des Reiches Gottes einigen konnten. Die andere Welt, die möglich ist, und das Reich Gottes waren keine Parallelen, die sich erst im Unendlichen berühren sollten, sondern Wege, die sich ganz konkret in den Befreiungskämpfen immer wieder kreuzten. In kaum einem Kontinent sind in der nachkonziliaren Zeit – quer durch das Volk Gottes (Laien, Priester und Bischöfe), durch Länder, Orden und Diözesen hindurch – so viele qualifizierte Glaubenszeugen aufgestanden und auferstanden wie in Lateinamerika. Sollte es dabei nicht um die oft angemahnte explizite Evangelisierung, um missionarische Aussaat und Verkündigung gehen?

Das Eintreten für die Ärmsten und für die Würde jedes Menschen haben Christen oft in das Zentrum politischer Konflikte gestellt und der Kirche »Verfolgung eingebracht und sie sogar den Tod einiger ihrer Mitglieder gekostet. Diese sind in unseren Augen Zeugen des Glaubens« (DAp 98). Ihr Zeugnis und ihr Handeln kann »zu einer Veränderung der Realität und zur Schaffung von gerechten Strukturen entsprechend den Kriterien des Evangeliums beitragen« (DAp 210).

Einer dieser Glaubenzeugen war Óscar Arnulfo Romero (1917–1980), der Erzbischof von San Salvador. In seiner auch heute noch lesenswerten Dankesrede für die Verleihung der Ehrendoktorwürde der Universität Löwen am 2. Februar 1980 gab Romero Rechenschaft ab über »Die politische Dimension des Glaubens auf der Grundlage der Option für die Armen«. »Es sind die Armen«, sagte Romero bei dieser Gelegenheit, »die uns sagen, was die polis, die Stadt, ist und was es für die Kirche bedeutet, mit beiden Füßen in der Welt zu stehen. [...] Die wirkliche Verfolgung hat sich gegen die armen Leute gerichtet, die heute der historische Leib Christi sind. [...] Die politische Dimension des Glaubens ist nichts anderes als die Antwort der Kirche auf die Erfordernisse der realen Welt [...]. Es geht dabei um die wahrhaftige Option für die Armen; es geht darum, sich in ihrer Welt zu inkarnieren, ihnen die Frohe Botschaft zu verkünden, eine Hoffnung zu geben, sie für die befreiende Praxis zu gewinnen, ihre Sache zu verteidigen und an ihrem Schicksal teilzunehmen. Diese Option der Kirche für die Armen ist es, welche die politische Dimension ihres Glaubens in seinen Wurzeln und fundamentalen Zügen erklärt. [...] Die politische Dimension des Glaubens entdeckt man in einer konkreten Praxis, die sich als Dienst an den Armen versteht.«

Romero zeigt uns Ausgangspunkt und Horizont einer durch den Blickwinkel der Armen pastoraltheologisch inspirierten Konjunkturanalyse: die politische Dimension des Glaubens im Dienst der Armen, die uns mit beiden Füßen in die Welt stellt. Die pastoraltheologische Ebene darf dabei nicht mit der soziologischen Analyse vermischt, aber auch nicht von ihr getrennt werden, weil wir ja in dieser Welt nicht nur Glaubenssätze verkünden, sondern eine transformatorische Sendung haben und, auf dem Hintergrund einer »üblen Nachricht«, eine frohe Botschaft der Hoffnung verkünden. Die Welt der Armen in ihrer Konkretheit lehrt uns, wo die Kirche sich inkarnieren muss, um nicht in einem falschen Universalismus über den Konflikten zu stehen und eine Vermittlerrolle zu spielen, sondern Partei zu ergreifen und uns auf ihre Seite zu stellen. Die Option für die Armen und für die Anderen leitet unseren analytischen Blick im Dienst einer »samaritanischen Kirche« (DAp 26).

25 Jahre nach der Ermordung von Oscar Romero, am 12. Februar 2005, wurde die 73jährige Ordensfrau Dorothy Stang nach wiederholten Morddrohungen im brasilianischen Bundesstaat Pará (Diözese Altamira) von gekauften Pistolenschützen umgebracht. Seit 20 Jahren war die gebürtige US-Amerikanerin in dieser Region tätig und hat sich für die Rechte der Landlosen und für den Schutz des Regenwaldes eingesetzt. Nach ihrer Ermordung legte die brasilianische Bischofskonferenz eine

Liste mit 160 Personen vor, die ebenfalls Morddrohungen erhalten haben. Auch der Kopfpreis eines jeden kursiert ganz öffentlich unter professionellen Killern. Weder gedungene Mörder noch Wächter am Grab können die Auferstehung all derer verhindern, »die aus der großen Drangsal kommen und ihre Kleider weiß gewaschen haben im Blute des Lammes« (Offb 7,14).

Für die Pastoral und Theologie Lateinamerikas hat die Glaubenspraxis stets eine wichtigere Rolle gespielt als theoretische Begründungsdiskurse, deren Spaten auf dem steinigen Grund der Wirklichkeit dann doch immer krumm geworden sind. Die Option für die Armen als Subjekte des Glaubens, ihre Frömmigkeit und Spiritualität waren stets vorrangig. Darum können heute schon viele Befreiungstheologen Papst Franziskus als einen der ihrigen oder doch wenigstens als anonymen Befreiungstheologen betrachten.

Die Hingabe des Lebens in ihren verschiedenen Formen ist, wie ein Initiationsritus, von einer Prüfung und dem Abstieg in die Unterwelt begleitet. Evangelisierung ereignet sich im solidarischen Einstieg in Lebenswelten, die von ortlosen, ausgeschlossenen und unerwünschten Menschen bewohnt sind. Theologie versucht das Gespräch zwischen Ortlosigkeit und einer letzten Heimat in Gottes Liebe. In diesem Dazwischen ist weder Leere noch Unverbundenheit. »In dieser unbegreiflichen Welt, in der nichts *existiert*, sondern alles einem ›Dazwischen‹, einer unbegrenzten Verbundenheit entspringt«,[82] wie der Elementarteilchenphysiker Hans-Peter Dürr es ausdrückt, ist das »Dazwischen« des theologischen Gesprächs der Ort des Widerstands gegen das falsche Leben und eine Brücke der Hoffnung, in Nähe und Eigenständigkeit, diesseits von Identifikation und jenseits von Gleichgültigkeit. Landlosenbewegung und Martyrium sind so ein »Dazwischen«, Baustellen am Lebensprojekt einer Welt für alle, zwischen der Wildnis der Straße und dem von Stacheldraht umzäunten Eigenheim.

In diesem »Dazwischen« ist Theologie *in* der Welt, ohne *von* der Welt zu sein. Anblick und Nähe verändern die Wirklichkeit. Im Blick, der dem »Haupt voll Blut und Wunden« standhält, im Zuspruch und Einspruch in Szenarien des Widerstands, zeigt sich theologische Relevanz und wird soziale Veränderung erfahrbar. Im »Dazwischen« wird der Ort zum Weg und der Weg führt ins Netz von Beziehungen und Zusammenhängen. Das kann Verstrickung, aber auch Verbundenheit bedeuten. Auf dem Weg mit

---

[82] Dürr 2003, 12.

den Armen-Anderen, auf dem Theologie zur Theologie der Befreiung wird, kann sie lernen, beides zu unterscheiden.

# VIII. Aufbrüche. Impulse für eine Spiritualität der Befreiung

»Aufbrüche« verbinden wir mit Neuanfang und Umbruchzeiten, aber auch mit Bruchstücken und Vorhaben, die Fragmente geblieben sind. Dahinter können wir Erfahrungen von Holzwegen und Sackgassen ausfindig machen, in die wir uns trotz Wegweisern durch Eile und Unaufmerksamkeit hineinmanövriert haben. Nach solchen Erfahrungen kann man nicht einfach weitergehen, sondern muss umkehren.

Was wäre denn unser Leben ohne Umkehr und ohne das Zurücklassen des Untragbaren, das wir uns aufgebürdet haben oder uns haben aufbürden lassen?

Spiritualität und Mystik, die ich im Zusammenhang dieses Textes synonym gebrauche, werden oft als Auswege aus dem Alltag und seinen konkreten Sorgen, als entmaterialisierte Fluchtwege missverstanden. Bei einer Spiritualität der Befreiung geht es gerade um das Gegenteil, nämlich um Widerstand gegen die verschiedensten Formen von Unterdrückung durch Politik, Arbeit, Konsum, Medien und Markt, also um Befreiung aus individueller und gesellschaftlicher Entfremdung, aus »Szenerien menschlichen Verhaltens des Erstarrens, des Selbstverlustes oder der Vergleichgültigung«.[83] In der Mystik erweist sich ganz absichtslos die Relevanz des Glaubens im konkreten Alltag.

Wenn wir als Christen spirituelle Aufbrüche als Neuanfang, Widerstand gegen Entfremdung, als Ausbruch aus dem Bann des Schicksals und medialer Verzauberung und schließlich als Überwindung von jeglicher Erstarrung verstehen, und wenn wir diese Aufbrüche nicht selbstmächtig einfach »machen« können, dann wissen wir uns auf ganz besondere Weise an den Geist der Gnade verwiesen, der vom Vater und vom Sohn ausgeht und den wir als Heiligen Geist, als Tröster, Anwalt und Zeugen anrufen. Er bringt die Gaben Gottes in unserem Leben zum Reifen, drängt auf die Verwandlung der Welt und antizipiert in uns Auferstehung. Darum ist das Christentum nach Eugen Biser »keine asketische, sondern eine therapeutische Religion. Und es ist im Unterschied zum Judentum keine moralische, sondern eine mystische Religion«.[84] Jesus will vor allem die

[83] Honneth 2005, 8.

[84] Biser/Heinzmann 2008, 83–84.

Heilung des Menschen von der ihm geschlagenen Todeswunde und deren alltäglichen Folgen in Angst und Not durch die Wirklichkeit und den Horizont der Auferstehung.

In der Pfingstsequenz wird dieser Heilige Geist als Vater der Armen (*pater pauperum*) und Geber der Gaben (*dator munerum*) angerufen, aber auch als jenes Licht des Herzens (*lumen cordium*), das Verwundetes heilt (*sana quod est saucium*), Ausgetrocknetes belebt (*riga quod est aridum*) und Verhärtetes aufbricht (*flecte quod est rigidum*). Der Heilige Geist ist Gott im Gestus der Gabe, der Hingabe und Entäußerung, des Trostes, des Weges und des Lichts, der uns Wege eröffnet, die uns aus den Szenarien des »Erstarrens«, des »Selbstverlustes«, der »Vergleichgültigung« herausführen können. Aber die Gaben des Geistes sind nicht einfach Geschenke, die man hat, bewacht und verwaltet, sondern Auf-Gaben, die einem gestellt sind.

## 1. *Dimensionen des Pilgerweges*

Die Mystik aller Religionen kennt Heilswege. Es sind Wege des Auszugs aus der Sklaverei, Wege der Reinigung von Eigeninteressen, Wege der Nachfolge und Erleuchtung nach durchwachter Nacht und Wege der Einigung in pfingstlicher Vielfalt: *via purgativa, via illuminativa* und *via unitiva*. Ziel des christlichen Heilsweges ist das Bleiben in Gottes Liebe, Barmherzigkeit und Gnade, ist Auszug und Entäußerung, Gratuität und Nachfolge in makroökumenischer Vernetzung.

### a) Exodus als mehrdimensionaler Aufbruch

Den Anfang der jüdisch-christlichen Religion beschreiben die Geschichten vom Auszug Abrahams aus Ur in Chaldäa und vom Aufbruch des Moses aus der Sklaverei Ägyptens. Die Exodus-Erzählung, die Seligpreisungen (Mt 5,3–12) und die Gerichtsrede (Mt 25) sind Ur- und Aufbruchsgeschichten des Christentums. Der Aufbruch kann sich auf einen ganz konkreten geographischen Auszug beziehen, aber auch auf den Bruch mit kulturellen Ghettomentalitäten und falsch verstandener Identität. Die babylonische Gefangenschaft hat Israel nicht zur richtigen Entscheidung geführt. Es meinte entscheiden zu müssen zwischen der Entfremdung auf eigenem Boden durch die Nachahmung der Feinde, was eine Sonderform kolonialer Unterwerfung darstellt und letztlich zum Exil geführt hat, und der Garantie ihrer Identität hinter den Mauern des Tempels, der Stadt Jerusalem und des Gesetzes.

Der Messias-Jesus versucht Israel als Ziel des Exodus den *Weg* als Pilgerstand zu vermitteln. Er konnte die Bedeutung des Tempels relativieren und seinen Untergang ohne Lamento vorhersagen. Weder der Tempel noch die Sklaverei in Ägypten noch die Anpassung ans Exil oder die Einpassung in das Tempelsystem, das den aus Ägypten und Babylon Befreiten wieder zum Gefängnis wurde und ihnen den Eid der Systemtreue abverlangte, sollten zum Vorwand der Sesshaftigkeit werden. Das Projekt Jesu sieht Pilgerschaft als Weg-Existenz vor, das heißt als ständige Einübung in die Welt, ohne von der Welt zu sein. Der Weg Jesu kennt weder pessimistische Weltverachtung in melancholischer Niedergelassenheit noch Verweltlichung in angepasster Beschleunigung. Im Projekt Jesu geht es weder um einen im Ursprungsmythos beschriebenen Ausbruch aus dem Paradies noch um eine vertröstende End-Utopie. Was zählt, ist der Weg. Überfahrt und Auferstehung ereignen sich täglich. Die Überfahrt sollte sich gelohnt haben, auch für den Fall, dass es das erträumte Ankommen nicht geben sollte.

So bedeutet Exodus nicht nur den einmaligen historischen Auszug aus der Sklaverei, sondern tagtäglichen Widerstand gegen neue Formen der Unterwerfung durch Unterhaltungsindustrie, Wohlstandssteigerung und Konsumversprechen. Die Fleischtöpfe Ägyptens und der von Einverständnis getrübte Blick in die Vergangenheit waren stets retardierende Momente im Prozess der Befreiung. Der Exodus ist ein Geisteszustand des Aufbruchs, ist Präsenz des Weges, der Wahrheit und des Lebens, die mehr bedeuten als nur alltägliches Überleben. Jeder Tag ist der beste Tag, um mit der Anpassung und überholten Zielen zu brechen.

### b) Entäußerung als Vorzeichen von Gratuität

Die Beschwerlichkeit des Weges kann nur in der Erleichterung durch Entäußerung durchgehalten werden, die das Wesen des Pilgers prägt. Der Pilger, der an anderen nicht blindlings vorübergeht, ist der lebendige Mensch im Prozess der Befreiung. Auf dem Weg sein heißt mit leichtem Gepäck sich begnügen. Sonst bleiben wir unter dem ersten schattigen Baum sitzen und warten auf das Ende der Welt oder auf bessere Zeiten. Überlastung ist eine ständige Versuchung.

Weil wir also nur mit leichtem Gepäck auf dem Weg sein können, sind Wege immer Übungen der Entrümpelung und Entäußerung. Entäußerung aber meint: Alles, was mir äußerlich ist, muss ich weg tun und lassen können, damit ich frei werde. Spiritualität ist ein Weg der Befreiung vom Vielerlei als Notwendigkeit, ein Weg des Los-Lassens, des Teilens, der

Ver-Gebung und Auf-Gabe im ganz wörtlichen Sinn und des Sein-Lassens Anderer. Aus solcher Befreiung erhalten Spiritualität und Mystik ihre Leuchtkraft. Das Vielerlei, der Verlust des »roten Fadens«, der uns aus den vielen Labyrinthen, die sich auf der Wegstrecke auftun, herausführt – dieser Verlust ist die Ursache von innerem Unfrieden, gewöhnlicher Langeweile und Freudlosigkeit. Das mystisch-religiöse Erlebnis ist das Gegenteil der sogenannten Erlebniskultur, der kurzfristigen Sensation des Augenblicks, isolierender, von der Droge aufgeputschter Ekstase.

Entäußerung bedeutet Verantwortlichkeit anderen Menschen gegenüber, deren Leben von dieser Entäußerung in freier Wahl oder durch gesellschaftliche Zwänge, also durch irgendeine Form der Entbehrung geprägt ist. Entäußerung befreit uns vom Ballast der Selbstbezüglichkeit, der das Leben schwer werden lässt. Selbstbezüglichkeit ist jene Form der Entfremdung, durch die mir Andere und die soziale Relevanz des eigenen Lebens für sie »fremd« geworden sind. Wo andere mir fremd werden, werde ich mir auch selber fremd. Aber auch das Kollektiv der Anderen kann mich mir selbst entfremden: »Entfremdung stellt sich entweder als Entfremdung *durch* das Soziale oder *vom* Sozialen, *durch die* oder *von den* Anderen dar und letztlich als Entfremdung *durch* das oder *vom* Allgemeinen.«[85] Solidarität ist die Aufhebung der Entfremdung dieser beiden Extreme. Ihr Ziel ist die Freiheit im Spannungsfeld von Selbstständigkeit und Ausgeliefertsein an Andere in frei gewählter, oft auch in erzwungener Diakonie. Befreit bin ich nie alleine. Befreien muss ich mich manchmal von Anderen, stets jedoch *mit* Anderen. Diakonale Solidarität ist also nicht eine Eingrenzung der Selbstbestimmung, sondern ihre Verwirklichung, und Entäußerung kann eine Gegenstrategie zur Entfremdung sein.

Im mystischen Erleben fühlen wir uns voller Freiheit und gleichzeitig als Teil eines größeren sozialen und kosmischen Ganzen, als Teil der vielen anderen Teile, die das große Mosaik des Lebendigen ausmachen. Spiritualität und Mystik konstituieren ein tripolares Ereignis der Begegnung, das wir benennen können als Gottesbegegnung, als Begegnung mit Mensch und Natur und schließlich als Begegnung mit mir selbst. Eine solche Begegnung ist grundsätzlich freundschaftlich und politisch. Sie macht, wie es dem Wesen einer Freundschaft entspricht, einen Strich durch alle Kosten-Nutzen-Rechnungen, die unseren Alltag prägen wie ein schleichendes Gift. Aber sie ist auch ein Hinweis darauf, dass alles, was in unserem Leben zählt, nicht käuflich ist. Gratuität bedeutet Bruch mit allem Verrechnen von Soll und Haben. Sie ist Ver-Gebung und Umkehr

---

[85] Jaeggi 2005, 255; vgl. ebd., 236ff.

im weitesten Sinne des Wortes und als solche ist sie Protest gegen die Fesseln im Gestern, Unterbrechung der Ungleichheit im Heute und Befreiung von Hypotheken der Zukunft. Der spirituelle Kern des Aufbruchs ist die Krise und die Erinnerung an die Möglichkeit einer verlässlichen Weggemeinschaft und die in ihr gelebte Freiheit und Freundschaft. Gelebte Mystik verlangt von uns Arbeit an Emanzipation und Autonomie, offen für jenes Gesetz, das über uns waltet, das wir uns nicht selbst gegeben haben, aber uns doch frei sein lässt.

In einem lesenswerten Text mit dem Titel *Der Dialog der Religionen und das jüdisch-christliche Verhältnis* erinnerte Kardinal Ratzinger an den Zusammenhang zwischen Wahrheit und Armut. Er zitiert die Apologie des Sokrates, in der dieser, um seine Glaubwürdigkeit zu verteidigen, darauf hinweist, dass sein Gottesverhältnis ihm keinerlei soziale oder materielle Vorteile bringe: »Ich aber stelle, meine ich, einen hinreichenden Zeugen für die Wahrheit meiner Aussage, meine Armut.«[86] Wenn es um Gott geht, steht alles und nichts auf dem Spiel. Im Christentum geht das Erscheinen Gottes stets mit Machtlosigkeit und Armut einher. Armut und nicht Effizienz, Ohnmacht und nicht Mächtigkeit sind Orte Seiner Gegenwart, wie alle Orte der Entäußerung, wie Krippe, Kreuz und Eucharistie. Auch entäußerte Menschen, ob sie dies nun freiwillig getan haben oder ob es ihnen als Schicksal auferlegt wurde, sind solche Orte der Gottesgegenwart. »Die Armut ist die wahrhaft göttliche Erscheinungsform der Wahrheit: So kann sie Gehorsam ohne Entfremdung fordern«, schrieb Joseph Ratzinger in dem bereits erwähnten Text.[87] Wer von der lateinamerikanischen Theologie herkommt, könnte so abstrakt nicht von *der* Armut noch von *der* Wahrheit sprechen. Er wird hinzufügen: die Armut in ihrer konkreten Gestalt der Mühselig-Beladenen.

Vielleicht müssen Menschen, die um eine Welt für alle ringen, wieder bei den Mystikern in die Schule gehen, um den Zusammenhang von Armut und Wahrheit, Gleichheit und Präsenz Gottes zu verstehen. Die Herkunft der Dinge und Menschen aus der Liebe Gottes bestimmt ihr gegenseitiges Verhältnis als sinnvolle Möglichkeit aller, einander erkennend und liebend zu begegnen und gemeinsam der Banalität des Weitermachens durch kreative Veränderung zu widerstehen. Durch Vernunft und Wahrheit läuft der Wärmestrom der Solidarität, der abstrakte Wahrheitsfragen auf den Boden der arm Gemachten und Leiderfahrenen stellt.

---

[86] Platon 1957, 22 (31c).

[87] Ratzinger 2003, 116.

Die Schule der Mystiker verweist Christen auf die Mystik des Abendmahls, wo sie im Geheimnis des Glaubens vor der Gabe als Hingabe stehen: »hingegeben für euch«. Diese Hingabe, in der Radikalität von Tod und Auferstehung und in der Armut von Brot und Wein, erinnern sie im Kult als historische Auf-Gabe und Sendung. Im Johannesevangelium steht an der Stelle des Abendmahls ganz lapidar die Fußwaschung.

### c) Kontextualisierung als Bruch und Brücke

Auf dem Boden der Mühselig-Beladenen, d.h. im Bemühen um die gesellschaftliche Kontextualisierung spiritueller Aufbrüche, befinden wir uns im Spannungsfeld von Anschlussfähigkeit und dem Bruch mit dem in Kontexten gelebten »guten« und »falschen« Leben. Kontextuelle Anschlussfähigkeit läuft über Erinnerung, Geschichte, Kommunikation und gemeinsame Hoffnungen. Aber Erinnerungen und Kontexte können auch Reflexe sein von Entfremdung, übereilten Zustimmungen und verbitterten Protesten. Brecht erinnert uns in seinem Gedicht »An die Nachgeborenen« daran: »Auch der Hass gegen die Niedrigkeit verzerrt die Züge. Auch der Zorn über das Unrecht macht die Stimme heiser. Ach, wir, die wir den Boden bereiten wollten für Freundlichkeit, konnten selber nicht freundlich sein.«[88]

Unkritische Anschlussbemühungen als gesellschaftliche Anpassung, strategische Täuschung oder übereilter Bruch als zorniger Aufstand sind gleichermaßen falsche Entscheidungen. Um hilfloser Orientierungslosigkeit zu entgehen, sind einleuchtende Kriterien notwendig. Die wahre Bekehrung und der Bruch mit der Entfremdung zeigen sich in der Vereinfachung des konkreten Lebens und in der Befreiung vom Zwang der Werke und Strukturen. Wer die sogenannten Sachzwänge beiseitegelassen hat, kann gelassen sein. Meister Eckhart hat dies einmal trefflich so ausgedrückt: »So weit du ausgehst aus allen Dingen, so weit, nicht weniger und nicht mehr, geht Gott ein mit all dem Seinen, dafern du in allen Dingen dich des Deinen völlig entäußerst. [...] Erkenne hieraus, dass man allen Fleiß darauf verwenden soll, gut zu *sein*, – nicht aber so sehr darauf, was man tue oder welcher Art die Werke seien, sondern wie der Grund der Werke sei.«[89] Der Grund der Werke des Gerechten ist selbstlose Leere.[90] Hier lebt Platon weiter, aber eben doch christlich gewendet. »Gut-Sein« kann ja nicht nur Vorzeichen des Tuns sein, sondern ist im-

---

[88] Brecht 1981, 725.

[89] Meister Eckhart 1978, 57.

[90] Ebd., 267.

mer auch ein Tun und Handeln begleitendes Zeichen. »Gut-Sein« und »Gut-Tun« können nach Meister Eckhart durchaus im Sinne des Zusammenfallens der Gegensätze, der *coincidentia oppositorum* des Nikolaus von Kues gelesen werden. »Gut-Sein« geht solidarischem Handeln nicht voraus, sondern begleitet es.

Der Apostel Paulus, Mystiker des Anfangs, ein Brückenbauer zwischen Altem und Neuem Testament und zugleich Unterbrecher lästiger Traditionen, nennt sich »Sklave des Messias Jesus, berufen Apostel zu sein, freigestellt für die Frohe Botschaft Gottes« (vgl. Röm 1,1). Frei- und Gefesselt-Sein, Gelöst-Sein und Gebundenheit sind dialektische Momente jeder mystischen Existenzweise und zugleich das Kreuz der Mystiker. Auf Entweder-oder-Fragen kann er nur Sowohl-als-auch-Antworten geben und lädt dadurch den Zorn der extremen, im Dualismus verfangenen Parteien auf sich. Paulus war Juden und Christen suspekt, weil er gleichzeitig Jude und Christ war.

### d) Nachfolge

Der spirituelle Weg des Christentums ist ein Weg, der uns in das Land der Mühselig-Beladenen hineinführt. Die Quellen des inneren Friedens und die Grundwasser der Freude des von der Mystik geprägten Lebens erhalten immer auch Zuflüsse aus den offenen Wunden der leidenden Menschheit, aus den Quellen des Mit-Leidens, der Solidarität und des Erbarmens für andere und mit jeder leidenden Kreatur. Friede kommt aus selbstbestimmter Verantwortung und aus dem Bewusstsein der Verankerung in dem, was unserem individuellen Leben innerhalb des Ganzen Sinn gibt. Erbarmen entspringt dem Bewusstsein, ein Wesen unter allen anderen Wesen zu sein, ein brüchig-gebrochener Teil ebendieses Ganzen.

Den Weg ins Land der Mühselig-Beladenen nennen wir Weg der Nachfolge dessen, der in der Bereitschaft, dem Reich Gottes alle Gewalt über sich einzuräumen, sich aller Selbstbezüglichkeit entäußert hat in der Annahme des Kreuzes. Die Basileia-Botschaft ist die ständige Einladung, auf dem Weg zu bleiben und das Tragbare zu überprüfen. Der Weg befreit uns von dem, was uns besetzen und in Besitz nehmen will. Aufbruch bedeutet Widerstand gegen alle Formen von Besessenheit. Das bedeutet nicht einfach etwas hergeben, sondern etwas frei sein lassen. Das Lassen in seiner individuellen Form kann als Bekehrung und Askese verstanden werden, in seiner gemeinschaftlichen und soziopolitischen Gestalt als Systembruch und Solidarität.

Kontextuelle und historische Zusammenhänge zu durchschauen, sich unter den Anspruch des Reiches Gottes zu stellen und die Ketten der Entfremdung zu zerschlagen stellt pastorale Mitarbeiter im heutigen Brasilien ganz konkret vor drei Konfliktfelder, die etwas ungenau den drei Systemebenen Kultur, Gesellschaft und Politik zugeordnet werden können. Missionarische Mystik muss über kulturelle Entzauberung und Relativierung, soziale Verbürgerlichung und politische Verwaisung nachdenken. Die kulturelle Entzauberung der Natur, auch der Natur des Menschen, die in einer einseitig-übersteigerten Betonung von Rationalität und Entwicklungseuphorie ihren Niederschlag gefunden hat, und jene Verflüssigung von privater und kollektiver Identität durch die Relativierung von Grenzen und die Gleichsetzung von Ungleichem sollen hier ebenso wenig wie die Verbürgerlichung durch Konsumutopie und Kosten-Nutzen-Prinzip erörtert werden. Kulturelle Entzauberung, ethische Relativierung und soziale Verbürgerlichung haben, gerade auch im katholischen Lateinamerika, zu einer spirituellen Depression durch Übertreibung (pfingstliches Schwärmertum, Fundamentalismus, formaler Rigorismus) und Unterlassung (aufgeklärter Atheismus und Relativismus, Wachstumseuphorie und Konsumwünsche) beigetragen.

Dem Reich Gottes Gewalt über sich geben heißt neu sehen lernen und daher nicht mehr an den Menschen vorübergehen, die unter die Räuber gefallen sind. Sie stehen uns nicht im Weg, sondern sie sind Teil eines durch Gewalt unterbrochenen Weges. Über den Weg der Gewalt kann das Friedensreich nicht kommen. In jedem Augenblick, in dem wir des Weges gehen, muss etwas von der Utopie unseres Lebens erscheinen. Wäre es sonst glaubwürdig, dass das Reich Gottes als Reich des Friedens mitten unter uns ist?

### e) Makroökumenische Vielfalt

Viele asiatische Religionen, die nicht flächendeckend kolonialisiert wurden und ihr religiöses Erbe bewahren konnten, bestehen darauf: Das Göttliche ist nicht nur der, die oder das Eine; das Göttliche ist auch das Viele. Wenn alle Formen »Leere« sind, wie uns der Buddhismus sagt, so ist die »Leere« auch die vielen Formen. Dies heißt: Die Göttlichkeit schließt Vielfalt ein. Auch Christen haben dies sehr früh gespürt, als sie darum gerungen haben, Gott nicht nur als den Einen, sondern gleichzeitig als dreieinig zu definieren. Könnte es nicht sein, dass Muslime dieselbe Ahnung hegen, wenn sie von den 99 Namen Allahs sprechen? Wenn wir das Göttliche nur als Eines erkennen, dann unterdrücken oder verfehlen wir die volle Wirklichkeit des Göttlichen. Gott ist weder der Eine noch das Viele. Er ist das Ganze, alles in allem. Ob zu diesem Ganzen auch der »Vater der Lüge« und sein Anhang gehören oder ob es am Ende der Welt dann doch »Ausgeschlossene« oder »Sich-Ausschließende« geben wird, um den Gerechtigkeitsbegriff aufrechtzuerhalten, ist noch nicht ausdiskutiert. Die Gnade kann die Gerechtigkeit nicht auslöschen: »Die Missetäter sitzen am Ende nicht neben den Opfern in gleicher Weise an der Tafel des ewigen Hochzeitsmahls, als ob nichts gewesen wäre« (SS 44).

Aufgrund des göttlichen Reichtums und der menschlichen Begrenzung gibt es viele Stimmen in der Sprache der einen Mystik. Jeder Mensch mit seinen mystischen Erfahrungen ist durch seine Sprache begrenzt, und solche Begrenzungen entsprechen durchaus dem Charakter des Göttlichen in menschlichen Kulturen. Wenn Gott interkulturell niemals nur einer sein kann, so kann es auch nicht die eine Mystik, die eine Religion und den einen Weg geben. Gott kann kulturell nur vielfältig ausgesagt und erahnt werden. Die »vielfältigen Formen des geistlichen Lebens«, die »Verschiedenheit der liturgischen Riten«, ja sogar die unterschiedliche »Ausarbeitung der geoffenbarten Wahrheit« gehören zur konstitutiven Freiheit des Christenmenschen (vgl. UR 4,7).

Tiefreligiös zu sein und »das« zu erfahren, was uns verankert und verbindet, heißt auch, weitherzig religiös zu sein und darum zu wissen, dass meiner religiösen Erfahrung dieselbe und eine Wirklichkeit zugrunde liegt wie anderen religiösen Erfahrungen. Mystiker sind Makroökumeniker und daher oft ganz besonders der Zensur »pastoraler Zollämter« (Papst Franziskus) unterworfen. Sie haben Wurzeln mit Flügeln. Ihre Kontexte gehen bis an die Grenzen der Erde. Durch Entrümpelung werden die Horizonte frei und das Ferne rückt in die Nähe. Das Viele fällt zusammen mit dem Einen und das Göttliche kann sich in der transparent gewordenen Weltlichkeit zeigen. Mystische Erfahrungen und geistliches Tun sind meist sehr unterschiedlich geprägt von je spezifischen Wegen, Sprachen, Sprechweisen und Kulturen.

Und doch kann jeder Weg Wahrheit sein, *pars pro totum*, weil kein Weg die ganze Wahrheit in sich aufnehmen und wiedergeben kann. Auch Jesus von Nazareth konnte nur annäherungsweise in Gleichnissen und nicht in Gleichungen über das Reich Gottes sprechen. Man könnte fast mit Winnicott, der von der »ausreichend guten Mutter« spricht, von einer in jeder Religion des jeweiligen Kulturkreises »ausreichend« wiedergegebenen und erfahrenen Wahrheit sprechen.[91] In der von Christen geglaubten Inkarnation Gottes in dieser Welt ist immer ein gutes Stück »Inkog-

[91] Vgl. Winnicott 1983, 130.

nito« und Verhüllung durch die Kultur Palästinas und durch spätere Übersetzungen eingeschlossen. Alle unsere Definitionen sind nur Annäherungen an das Geheimnis Gottes, keine Abbildungen. Die »Unähnlichkeit« zwischen »dem Schöpfer und dem Geschöpf«, so sagt es schon das 4. Lateran-Konzil, ist stets größer, als es gedanklich erfasst und sprachlich zum Ausdruck gebracht werden kann.[92]

Die Erkenntnis einer letzten Unzugänglichkeit Gottes haben wir als Christen gemeinsam mit anderen Konfessionen und Religionen. Die vielen Wege zur Begegnung und Anschauung Gottes und zu einem Gespräch über die Authentizität dieser Wege können sehr mühsam sein. Sie partizipieren nicht an der Beschleunigung heutiger Kommunikations- und Arbeitsprozesse. Am Anfang des Buddhismus steht der Weg Siddharta Gautama Buddhas, des Erwachten und Erweckten. Um das Leid der Welt zu beseitigen, geht der Gouverneurssohn den »Weg aus der Heimat« in die Heimatlosigkeit, wie der Mann aus Nazareth und der aus Assisi.

In einer immer komplexer werdenden Welt liegt ein langer Weg der Vereinfachung vor uns. Dabei geht es nicht um eine neue Weltreligion, sondern um Wege, die in ihrer Vielfalt sich nicht nur tolerieren, sondern »einfach« anerkennen. Lévi-Strauss hat einmal diesem Weg der Vereinfachung, nach längeren Aufenthalten bei den Bororos Brasiliens, so das Wort geredet: »Wenn der Regenbogen der menschlichen Kulturen endlich im Abgrund unserer Wut versunken sein wird, dann wird [...] jener feine Bogen bleiben, der uns mit dem Unzugänglichen verbindet, und uns den Weg zeigen, der aus der Sklaverei herausführt und dessen Betrachtung dem Menschen, auch wenn er ihn nicht einschlägt, die einzige Gnade verschafft, der er würdig zu werden vermag: nämlich den Marsch zu unterbrechen, den Impuls zu zügeln, der ihn dazu drängt, die klaffenden Risse in der Mauer der Notwendigkeit einen nach dem anderen zuzustopfen und damit sein Werk in demselben Augenblick zu vollenden, da er sein Gefängnis zuschließt; jene Gnade, nach der jede Gesellschaft begehrt, wie immer ihre religiösen Vorstellungen, ihr politisches System und ihre kulturelles Niveau beschaffen sein mögen; jene Gnade, in die sie ihre Muße, ihre Vergnügen, ihre Ruhe und ihre Freiheit setzt; jene lebenswichtige Chance, sich zu entspannen, loszulösen, das heißt die Chance, die darin besteht [...] in den kurzen Augenblicken, in denen es die menschliche Gattung erträgt, ihr bienenfleißiges Treiben zu unterbrechen, das Wesen dessen zu erfassen, was sie war und noch immer ist, diesseits des Denkens und jenseits der Gesellschaft: zum Beispiel bei der

92 Vgl. DH 806.

Betrachtung eines Minerals, das schöner ist als alle unsere Werke; im Duft einer Lilie, der weiser ist als unsere Bücher; oder in dem Blick – schwer von Geduld, Heiterkeit und gegenseitigem Verzeihen –, den ein unwillkürliches Einverständnis zuweilen auszutauschen gestattet mit einer Katze.«[93]

## 2. *Zugänge zu einer ganzheitlich-trinitarischen Mystik*

Wie können wir einen Dialog zwischen christlicher Mystik und der in unterschiedlichen Religionen gelebten Mystik so aufrechterhalten, dass die Einheit, die wir zwischen uns spüren, unsere tatsächlichen Unterschiede nicht aufhebt oder verkleinert, dass aber gleichzeitig die Unterschiede nicht zur Kommunikationslosigkeit werden? Vielleicht könnte dies so geschehen, dass wir uns miteinander in drei Grundformen menschlicher Kommunikation und mystischer Praxis gleichzeitig einüben und darüber verständigen. Ich bezeichne diese drei Grundformen einer Mystik, die das Tor des Lebens offen hält, einmal vorläufig als Mystik der Stille, als Mystik des Wortes und Mystik des Dienens.

### a) Mystik der Stille

Spiritualität und Mystik der Stille sind den meisten von uns geläufig. Von Zeit zu Zeit spüren wir die Notwendigkeit eines Rückzugs aus der Routine des Alltags. Bewegte Unbeweglichkeit des Herzens können wir im Sitzen des Zazen und im Pilgerweg zu einem Heiligtum finden. Wir könnten diese Mystik der Stille auch Kontemplation benennen. Auch hier geht es nicht um Ankunft, sondern um Auszug und um die Einübung in das Verkosten des Augenblicks auf einer Sitzbank oder auf dem Weg. Viele Dimensionen der Wirklichkeit können nur in der Stille erfahren werden (zentrierendes Beten, den Atem zählen, sich aufmerksam wahrnehmen, das Jesusgebet des russischen Pilgers). All diese Übungen versuchen, die konstante Flut der Worte, Gedanken und Aktivitäten zu stoppen, die unseren Alltag überschwemmen. In dieser Stille erfahren wir das verstellte und verprogrammierte Göttliche in uns aufs Neue als Licht, Frieden, Freude und Intuition.

Das Subjekt der Mystik der Stille ist der Mystiker schlechthin, der Seher, der ganz in sich hineinsieht und aus dieser »Einsicht« neue Vo-

---

93 Lévi-Strauss $^{2}$1979, 412–413.

raussetzungen für »Weitsicht« schafft. Die Mystik der Stille führt uns zur Schau von Gottes Bild in uns und in allen Dingen. Dieses Bild der Schau Gottes im Alles und Nichts kann nicht ausgemalt und auch nicht ausgesagt werden. In dieser unsagbaren Schau Gottes können einem die Augen aufgehen und es kann uns dabei Sehen und Hören, im hergebrachten Sinn, vergehen.

Das Bild Gottes ist wie die Utopie, es kann und darf nicht ausgepinselt werden. Mit guten Gründen ist es bei Juden und Moslems verboten, sich ein Bild von Gott zu machen. Leider sagen und behaupten wir oft zu viel über Gott. Wir leiden an der Negativität dessen, was wir über Gott, über die Utopie oder über die ideale Gesellschaft sagen können: »Kein Aug hat es gesehen, kein Ohr hat es gehört und in keines Menschen Herz ist es gedrungen, was Gott denen bereitet hat, die ihn lieben« (1 Kor 2,9). Nur bilderlos sei das »volle Objekt« zu denken, meinte Adorno in *Negative Dialektik*: »Solche Bilderlosigkeit konvergiert mit dem theologischen Bilderverbot. Der Materialismus säkularisierte es, indem er nicht gestattete, die Utopie positiv auszumalen; das ist der Gehalt seiner Negativität. Mit der Theologie kommt er dort überein, wo er am materialistischsten ist. Seine Sehnsucht wäre die Auferstehung des Fleisches; dem Idealismus, dem Reich des absoluten Geistes, ist sie ganz fremd. Fluchtpunkt des historischen Materialismus wäre seine eigene Aufhebung, die Befreiung des Geistes vom Primat der materiellen Bedürfnisse im Stand ihrer Erfüllung.«[94] Die *via illuminativa*, die Erleuchtung, kann für einen kurzen Moment zur asymptotischen Annäherung oder gar zur Antizipation an diesem »Stand ihrer Erfüllung« werden.

Der Mystik der Stille sind die Hoffnung, die Utopie und der Traum zuzuordnen. Auch sie würden zerstört werden, wollten wir sie deckungsgleich auspinseln. Hoffnung ist fähig, alles Bestehende aus den Angeln zu heben, weil sie immer mehr ist, als wir verdienen, erarbeiten oder uns vorstellen können. Ihr »Mehrwert« sprengt die banale Gegenwart auf und befreit stillgelegte Energien. Hoffnung beinhaltet die Möglichkeit einer Kernspaltung inoperanter Gegenwart. Dies meint wohl das Internationale Sozialforum, wenn es schon viele Jahre sich den Leitspruch gewählt hat: »Eine andere Welt ist möglich.« Wir können diese Welt nicht ausmalen, es sei denn in Metaphern und Gleichnissen, so wie Jesus über das Reich Gottes sprach. Aber die Möglichkeit einer anderen Welt weist uns auch darauf hin, dass das Geschenk der Hoffnung durch den Dienst der Liebe ergänzt werden muss (vgl. SS 36). Darauf komme ich später zurück.

---

[94] Adorno $^{5}$1996, 207. Vgl. auch SS 43.

### b) Mystik des Wortes

Bei der Mystik des Wortes geht es in besonderer Weise um den Aspekt des Hörens und Wahrnehmens von Gottes Wort in uns selbst und in der Welt, aber auch um die dialogische Dimension des Rede-und-Antwort-Stehens und Zweifelns im Gebet. »Mein Gott, wenn es dich gibt, lass mich dich erkennen!« soll Charles de Foucauld im Jahr 1886 stundenlang in einer Kirche in Paris gebetet haben.

Wir könnten die Mystik des Sprechens, die Mystik des Wortes, dem Glauben zuordnen. Der Glaube kommt vom Hören auf Gottes Wort, vom In-sich-hinein-Hören und vom kritischen In-die-Welt- und Auf-die-Welt-Hören. *Aparecida* erinnert uns daran, dass das Wort Gottes Quelle und Fundament der Spiritualität der kirchlichen Basisgemeinden ist (vgl. DAp 179; 309).

Das Subjekt der Mystik des Wortes ist der Prophet, der Gottes Wort kontrakulturell in die Welt hineinspricht. Sein Wort in der Welt ist Gottes aktualisiertes Wort in einem ganz bestimmten Augenblick. Weil wir Gottes Wort in uns und unter uns in den Kirchen und Sakristeien meist nicht vernehmen, spricht Gott über die Relaisstation Welt zu uns. Die Welt tritt in den Zeugenstand für Gottes Wort: »Ja, Er hat dies gesagt.« Es hat sich für dieses Wort Gottes aus der Welt an uns das Wort von den »Zeichen der Zeit« herausgebildet: Zeichen Gottes in der Zeit. Dadurch wird Gottes Wort in einen objektiven, trotzdem oft schwer zu deutenden Rahmen gestellt. Nicht immer wissen wir sofort, was Zeichen Gottes und was Irrlicht ist.

Das Wort von den »Zeichen der Zeit« war zunächst von Johannes XXIII. in seiner Enzyklika *Pacem in terris* (1963) gebraucht worden. Es ging bei diesen Zeichen der Zeit um drei ganz wichtige emanzipatorische Bewegungen: die Arbeiterfrage, die Impulse für die Bewegung der Entkolonialisierung und um vorsichtige Versuche, die Frauenfrage, die Forderung nach der Gleichberechtigung der Frau in Kirche und Gesellschaft, weltkirchlich zu rezipieren.

Die Pastoralkonstitution des Konzils, *Gaudium et spes*, greift das Wort von den »Zeichen der Zeit« auf als kairotischen Imperativ.[95] *Gaudium et spes* ist ein Text gegen die Verhärtung der Herzen der ewig Gestrigen und gegen Kontinuitätsneurosen der Angepassten: »Heute, wenn ihr seine Stimme hört, verhärtet eure Herzen nicht« (Ps 95,7; Hebr 3,15). Warum? Weil Gott »in die Welt kam, um Zeugnis für die Wahrheit ab-

---

[95] Vgl. Mt 16,4 und GS 4,1: *semeia ton kairon; signa temporum.*

zulegen, um zu heilen, nicht um zu richten, um zu dienen, nicht um sich bedienen zu lassen. [...] Zur Erfüllung dieser Aufgabe obliegt der Kirche durch alle Zeit die Pflicht, die Zeichen der Zeit zu erforschen und im Licht des Evangeliums auszulegen« (GS 3,2; 4,1), um »in einer der jeweiligen Generation angemessenen Weise« (ebd.) Antwort geben zu können.

Diese der jeweiligen Generation angemessene Weise, Antwort zu geben im kairotischen Heute, lesen wir als Aufforderung zur Inkulturation und Kontextualisierung von Gottes Wort, als Imperativ, die *Zeichen Gottes* in der Zeit zu lesen und sie pastoral fruchtbar umzusetzen. Man muss Sprache und Zeichen in »weltlichen« Codes verstehen, um von ihnen als Anspruch Gottes betroffen zu sein. Dadurch erfährt das, was wir Offenbarung nennen, eine über die Hl. Schrift weit hinausgehende Bedeutung. Die 5. Generalversammlung des lateinamerikanischen Episkopats in *Aparecida* (2007) hat dies so ausbuchstabiert: »Als Jünger Jesu Christi fühlen wir uns herausgefordert, im Licht des Heiligen Geistes die ›Zeichen der Zeit‹ zu erforschen, um uns in den Dienst des Reiches Gottes zu stellen, das Jesus (›Gott rettet‹) verkündigt hat« (DAp 33).

### c) Mystik des Dienens und Teilhabenlassens

Aus der Dialektik zwischen Schweigen und Gespräch erwächst die Synthese des Dienens. Sie führt aus der wortlosen Schau heraus und über die Vertiefung von Gottes Wort hin zum existentiellen Vollzug des Christseins. Wir können daher von einer Mystik des Dienens und der Solidarität sprechen. Sie bezieht die Mystik des Schweigens als Dienst ohne Kommentare und die Mystik des Wortes als Dienst des Trostes, der Unterscheidung der Geister, des Kampfes um Gerechtigkeit und Hoffnung ein in das konkrete Handeln. Es ist die Mystik des Herzens, die sich konkretisiert in der Mystik der Fußwaschung, die es nicht erträgt, das Leiden der Anderen unbewegt mit anzusehen. Ihre Zeit ist die Geistesgegenwart im Heute und ihr Ort ist das Hier, in dem die *Memória Passionis*, das Gedächtnis der Armen, Bedrängten und Verlierer von gestern aufbewahrt ist. Es ist die Mystik, welche die eigenen Gaben als Aufgabe versteht, für andere dazusein, und die uns anleitet, im Dasein für andere unseren eigenen Möglichkeitsspielraum zu entfalten.

Von dieser Potentialität, die als menschliches Allgemeingut zu betrachten ist, erzählt der Film *Der Postmann* aus dem Jahr 1994. Darin wird ein Gespräch wiedergegeben zwischen dem chilenischen Dichter und Nobelpreisträger Pablo Neruda und seinem sehr einsilbigen Postboten, dem Fischer Mario Ruoppolo. Mario hatte sich eines der Liebesgedichte Nerudas, der in den 1950er Jahren auf der Insel Salina vor der Nordküste Siziliens im politischen Exil lebte, zu eigen gemacht und an seine Geliebte Beatrice gesandt. Als Neruda davon erfährt, stellt er Mario zur Rede. Er solle doch mit seinen eigenen Worten seine Liebe erklären und sich nicht mit fremden Federn schmücken. Daraufhin erklärt sich Mario sinngemäß so: »Die Gaben, die einer erhalten hat, sind kein Privateigentum. Sie gehören nicht dem, der sie hat, sondern dem, der sie braucht.« Für einen Kommunisten wie Pablo Neruda war das eine Rüge, die tief ging.

Der Andere und unsere Mystik des Dienens entfalten unsere Identität und unsere Potentialität. Sie beantworten uns die Fragen »Wer bin ich?« und »Wozu bin ich fähig?«

In der Bedürftigkeit anderer werden wir von etwas angesprochen, das größer ist als unser individuelles Leben, größer als unsere individuellen Sorgen. Der Andere ist kein Konfliktfall, sondern er repräsentiert die Sache des Reiches Gottes. Wenn wir für die Leidenden und Ausgebeuteten in der Welt von heute Partei ergreifen, begeben wir uns in ein weltweites Konfliktfeld. Im Gegenwind des Zeitgeistes stellen wir uns nicht an die Seite von Subkulturen, sondern von kontrakulturellen Bewegungen, die Wirtschaftswachstum, Akkumulation, neokoloniale Gleichmacherei und Autoritarismus in Frage stellen.

Wir wissen es alle: Das gegenwärtige Entwicklungsmodell führt uns in den Abgrund. Die arme Bevölkerung und die Indigenas vom Xingu, die sich dem Bau des Staudammes widersetzen, der ihr Land überschwemmen wird, gelten für dieses Modell als Störfaktor. In Wirklichkeit aber könnte von ihnen Rettung kommen. Sie versuchen nämlich die Notbremse zu ziehen und machen uns auf die Legendenbildung vom »nachhaltigen Wachstum« aufmerksam. Im Staudammprojekt von Belo Monte begegnet mir die »Trauer und Angst der Menschen von heute, besonders der Armen und Bedrängten«, und ich frage mich mit *Gaudium et spes*: »Was ist zu tun, damit der zunehmende Austausch der Kulturen, der zu einem wahren und fruchtbaren Dialog unter den verschiedenen Gruppen und Nationen führen müsste, das Leben der Gemeinschaften nicht in Verwirrung bringt, die Weisheit der Vorfahren nicht verwirft, noch den je eigenen Volkscharakter gefährdet?« (GS 56)

Drei Modelle von diakonischer Kirche, welche die Mystik des Dienens konkretisieren, finden sich im Dokument von *Aparecida*:

- Die Kirche ist eine samaritanische Kirche (DAp 26, vgl. 176, 419).
- Die Kirche ist das Haus der Armen (DAp 8, vgl. 524).

– Die Kirche ist die Anwältin der Gerechtigkeit für die Armen (vgl. DAp 395, 508).

Wenn es diese Kirche geben soll, dann dürfen wir nicht auf Bischöfe und Caritas schauen, sondern auf uns als Kirchenvolk: Sind wir das samaritanische Gottesvolk, das Haus der Armen, Rechtsanwälte der Gerechtigkeit der Armen?

Diese Anwaltschaft der Kirche ist bestimmt durch ihre Beziehung zur Menschwerdung des Sohnes Gottes im Heiligen Geist. *Gaudium et spes* widmet einen eigenen Abschnitt dieser Verbindung zwischen »menschgewordenem Wort« und »menschlicher Solidarität« (GS 32). Bei dieser Anwaltschaft geht es um die Wiederherstellung der Gnade des Anfangs: Gott, der die Würde der menschlichen Natur wunderbar erschaffen hat, hat sie noch wunderbarer erneuert durch die Menschwerdung seines Sohnes. Anwaltschaft bedeutet Nähe und Parteilichkeit, wie das ja auch in der lateinamerikanischen Option für die Armen und Anderen zum Ausdruck kommt. *Gaudium et spes* hat diese Option in vielerlei Hinsicht vorbereitet (vgl. 9–10; 22; 26; 31–32; 39; 42; 53–54; 56–57; 65), wenn es da heißt, dass Geschwisterlichkeit und Solidarität umso notwendiger sind, »als der größere Teil der Welt noch unter solcher Not leidet, dass Christus selbst in den Armen mit lauter Stimme seine Jünger zur Liebe aufruft. Das Ärgernis soll vermieden werden, dass einige Nationen, deren Bürger in überwältigender Mehrheit den Ehrennamen ›Christen‹ tragen, Güter in Fülle besitzen, während andere nicht genug zum Leben haben und von Hunger, Krankheit und Elend aller Art gepeinigt werden. Denn der Geist der Armut und Liebe ist Ruhm und Zeugnis der Kirche Christi« (GS 88). Die Option für die Armen hat uns für die Spiritualität geöffnet, die in der Volksfrömmigkeit ganz konkret gelebt wird (vgl. DAp 259ff). Wir sind noch weit davon entfernt, »das reichhaltige Potential an Heiligkeit und sozialer Gerechtigkeit, das in der Mystik des einfachen Volkes enthalten ist« (DAp 262), für das Leben der Kirche nachhaltig auszuschöpfen.

### d) Die dreieinige Mystik als Weg zum Tor des Lebens

Das Schaubild soll nicht das Gesagte systematisieren, sondern nur an das umfassend dialektische Verhältnis zwischen Stille, Wort und Dienst erinnern, die eine trinitarische Einheit bilden: »Die Erfahrung des einen und dreifaltigen Gottes, der Einheit und unzertrennbare Gemeinschaft ist, hilft uns den Egoismus zu überwinden und uns voll und ganz in den Dienst des anderen zu stellen. Die Tauferfahrung steht am Beginn jeder christlichen Spiritualität, die ihre Grundlage in der Dreifaltigkeit hat« (DAp 240).

| *Mystik der Stille* | *Mystik des Wortes* | *Mystik des Dienens* |
|---|---|---|
| Gottes Bild<br>wortlose Schau | Gottes Wort<br>Ja zum Anruf | Gottes Dienst<br>Nein zum Unrecht |
| Schweigen/Schauen | Sprechen/Hören | Dienen/Helfen |
| Mystiker/Seher | Prophet/Prediger | Zeuge, Anwalt,<br>Heiler |
| Offenbarung<br>durch Entäußerung | Offenbarung<br>durch Schrift und<br>»Zeichen der Zeit« | Offenbarung<br>durch und in den<br>Anderen |
| Negativität<br>des Nicht-Wissens | Positivität<br>des Neuen Gebotes | Realität<br>des Handelns |
| Hoffnung als Protest<br>gegen Hörigkeit und<br>Aktivismus des *homo<br>faber* | Glaube als Prinzip:<br>am Anfang war das<br>Wort, war Schrei und<br>Gesang | Liebe als Praxis<br>des Herzens:<br>Teilnahme an der<br>Existenz des Anderen |
| Schöpfung<br>Natur/Kosmos | Erlösung<br>Menschheit | Heiligung/Gnade<br>Mühselig-Beladene |
| Gott Vater/Mutter:<br>alle Namen/namenlos | Messias Jesus:<br>das inkarnierte Wort | Heiliger Geist:<br>Vater der Armen |
| Makroökumenische<br>Kirche aller und für<br>alle Geschöpfe | Vergebende und um<br>Vergebung bittende<br>Kirche | Samaritanische<br>Kirche,<br>Haus/Anwältin der<br>Armen |

### e) Zusammenhang des mystischen Reigens

Jede Gestalt der Mystik hat ihre besonderen Gefahren. Die Mystik des Schweigens kann sozial isolieren, die des Wortes kann zwischen Hörigkeit und Geschwätzigkeit zur Gehaltlosigkeit gerinnen. Die Versuchung der Mystik des Dienens kann der Wunsch sein, auf der Suche nach Totalität alle Übel der Welt heilen zu wollen und den Charakter der Zeichenhaftigkeit des Dienens zu vergessen. Auch der Messias Jesus (»Gott rettet«) hätte lieber alle geheilt als nur ein paar Blinde, Lahme und Aussätzige. Warum hat er nur Zeichen gesetzt und nicht die Welt wirklich verwandelt? Wohl deshalb, weil es ihm um den Weg ging und nicht um den Himmel, um Bekehrung und nicht um Stolz-Bekehrte.

Die Subjekte der Mystik des Schweigens sind Seher, die der Mystik des Wortes sind Hörer und Propheten und die der Mystik des Dienens sind Zeugen des Auferstandenen im Heiligen Geist. Handeln heißt die Hand in die Wunden des Auferstandenen zu legen. Kommt *Hoffnung* aus dem Protest gegen Hörigkeit, so kommt der Glaube vom hörenden Verweilen und bekennenden Sprechen, das immer auch gegen seine Zweifel ankämpfen muss. Liebe aber will Berührung. Durch Anblick, Zuspruch und Berührung entstehen Zusammenhang und Veränderung.

Auch bei der Mystik des Dienens geht es um Entäußerung, um Entsorgung des Äußerlichen und Oberflächlichen. In der Mystik der Stille bin ich auf der Suche nach Gottes Bild in mir. Sprachlos stehe ich vor dem Geheimnis Gottes. In der Mystik des Wortes höre ich Gottes Wort als Anruf und Auftrag. In der Mystik des Dienstes erkenne ich, dass ich eins bin mit dem Anderen und Armen – im Göttlichen. Immer wenn wir die Hand in die Wunden der Armen legen, erfahren wir, wie Thomas, die Präsenz des Auferstandenen. In der Mystik des Dienstes sind wir auf besondere Weise Zeugen des Auferstandenen.

Wenn wir uns auf nur eine dieser mystischen Praktiken festlegen wollten, würden wir Gefahr laufen, wie ein einseitig abgefahrener Autoreifen die ganze Fahrt unseres Lebens ins Schleudern zu bringen. MystikerInnen müssen schweigen, reden und dienen können. Wer nur sitzt, ist bald ein Eingesessener oder ein unbehaust Sitzen-Gebliebener. Wer nur hört, kann bald ein Höriger sein, ein Sklave seines Handys oder Kopfhörers. Wer nur dient und tätig ist, kann zum bloßen Aktivisten und potentiellen Patienten einer Herzklinik werden. Auch blinder Altruismus kann krank machen. »Nichts im Übermaß« war eine der Inschriften des Tempels von Delphi. Sie hat auch heute noch ihre Gültigkeit.

Hier schließt sich der Kreis. Die Mystik der Stille und des Schweigens, in der wir Gottes Bild erahnen, führt uns zur Mystik des Hörens des Wortes Gottes und zur prophetischen Mystik des Sprechens und des Verneinens. In der Mystik des Hörens bereiten wir uns auf das Hören des Ganz-Anderen und des Anderen in der Welt vor, auf die Mystik des Dienens, die immer fragmentarisch, symbolisch, unvollständig ist und uns daher immer wieder zurückführt zur Mystik des Schweigens vor dem Geheimnis. Der mystische Reigen ist unendlich.

# IX. Horizonte. Transformation durch Partizipation

Durch die breitgefächerte Themenreihe dieser Texte zu »Theologie interkulturell« zieht sich die »Option für die Armen« als Vorzeichen, das den Stellenwert aller anderen Beiträge bestimmt. Dabei ist immer davon auszugehen, dass die »Option für die Armen« die prophetische Option des Jesus von Nazareth ist (vgl. DAp 392). Er kam in die Welt, um »Armen eine Frohe Botschaft« (Lk 4,18) zu verkünden, damit die Prophetie des Isaias sich erfülle (Is 61). Die Verkündigung des Evangeliums an und durch die Armen ist ein deutliches Zeichen der Präsenz des Reiches Gottes (vgl. DAp 383): »Jesus Christus in den Armen zu begegnen, gehört zum Kern unseres Glaubens an Jesus Christus« (DAp 257). Durch diese Nachfolge Jesu in den Armen »praktizieren wir die Seligpreisungen des Gottesreiches, den Lebensstil Jesu Christi selbst, die Liebe zum Vater und den Gehorsam des Sohnes, sein inniges Mitleiden am Leid der Menschen, seine Nähe zu den Armen und Kleinen, seine Treue zur anvertrauten Sendung, seine dienende Liebe bis zur Hingabe des Lebens« (DAp 139).

Diese Frohe Botschaft, soll sie wirklich eine »gute Nachricht«, also ein Evangelium sein, muss so verkündet werden, dass sie relevant ist für die Fragen der Welt von heute, die von einer tiefgreifenden und breitgestreuten Krise geprägt ist. Da diese Krise nicht naturbedingt noch schicksalhaft der Menschheit auferlegt wurde, muss sie ihre Wurzeln in anderen Optionen haben: im Wettbewerb, in Wachstum und Beschleunigung als Motor von Gewinn, in Entsolidarisierung, in »der Konzentration von Macht und Reichtum in den Händen weniger« (DAp 62), in einer Exportdynamik, welche die Regionen, aus denen die autoritär angeeigneten Exportgüter stammen, behandelt wie Kolonien. Amazonien kann heute in vieler Hinsicht als eine Kolonie des prosperierenden, von »Ordnung und Fortschritt« gekennzeichneten Brasiliens bezeichnet werden. All diese »ungerechten Strukturen« (DAp 546) sind teilweise gesetzlich verankert, teilsweise haben sie ihren Ursprung in einer Grauzone der Illegalität. Legalität im Kapitalismus ist nicht deckungsgleich mit Gerechtigkeit, sodass die Armen und Mühselig-Beladenen im gegenwärtigen demokratischen Staat meist weder mit der gesetzgebenden noch mit der rechtsprechenden und erst recht nicht mit der administrativen Gewalt rechnen können. Da nicht nur die Kommunikationsorgane, sondern auch die drei demokratischen Gewalten sich auf weite Strecken einer vierten Gewalt unterworfen haben, der Rentabilität, leiden die allermeisten Menschen unseres Kontinents, geplagt wie sie sind von »der Geißel der Armut« (DAp 176), unter einem gewissen Desinteresse an dieser nur repräsentativen Demokratie und Parteipolitik. Der Gang zur Wahlurne ist gesetzlich vorgeschrieben. Die Straßendemonstrationen vom Juli 2013 duldeten keine Fahnen von Parteien. Opposition und Regierung werden gleichermaßen durchschaut in ihrem Opportunismus und Autoritarismus. Sie sind nicht die Stimme der Stimmlosen. Die Stimmlosen sind nicht mehr bereit, ihr Wort an Parteien, Gewerkschaften oder Kirchen zu verpfänden.

Daher muss die »Option für die Armen« immer auch eine Option *mit* ihnen sein und kann nicht distanziert geschehen. *Aparecida* hat sich in dieser Hinsicht auf eine pastorale Minimalformel geeinigt, wenn es meint, dass es erforderlich sei, »dass wir den Armen so nahe kommen, dass Freundschaft entstehen kann«, und Verständnis dafür aufbringen, »was den Armen von heute wichtig ist, wonach sie sich legitim sehnen« (DAp 398). Die Umwandlung ungerechter Strukturen kann nur geschehen, wenn die Armen als Subjekte an dem sie betreffenden Befreiungsprozess partizipieren. Für die Großkirche insgesamt und für die kleinsten Zellen dieser Großkirche, ihre Basisgemeinden, ist Partizipation daher nicht nur ein politisches Postulat, sondern auch ein innerkirchliches. Nicht nur Präsidenten und Abgeordnete können aus den unteren sozialen Schichten kommen. Auch für Bischöfe und pastorale Mitarbeiter soll es möglich sein, nicht nur für Arme und Andere zu optieren, sondern, in der Nachfolge des Zimmermanns aus Nazareth und der Fischer vom See Genezareth, selbst aus armen Milieus und indigenen Dörfern zu kommen.

Diese Herkunft ist beileibe noch keine Garantie für eine dem Evangelium nahe Kirche, wäre jedoch ein Zeichen für einen neuen Aufbruch und ein wichtiger Schritt zu Veränderung und Transformation des Ganzen. *Aparecida* wird nicht müde diese Umwandlung zu fokussieren, wenn es von der Transformation der Realität (DAp 210), der Welt (DAp 290), der Gesellschaft (DAp 283, 330, 336) spricht und schließlich davon, alle »morsch gewordenen Strukturen« der Kirche, »die der Weitergabe des Glaubens nicht mehr dienen« (DAp 365),[96] zu entrümpeln.

Die Umwandlung von Getauften in Jünger und Missionare Christi (DAp 1) oder, wie es *Puebla* schon 1979 gefordert hat, »zu Trägern und Mitwirkenden des Heilsplanes Gottes« (DP 563) setzt eine grundsätzliche Versöhnung und Zuordnung des gemeinsamen Priestertums aller Gläubigen mit dem amtlich-hierarchischen Priestertum voraus, wie sie vom

---

96 Vgl. Suess 2010, Stichwort 40: »Transformação«.

Zweiten Vatikanum angedacht worden war (LG 10.2). So wie die partizipative Demokratie, welche die Loyalität ihrer Massenbasis garantiert, eine notwendige Ergänzung der repräsentativen Demokratie ist, so ist auch die partizipative Ortskirche eine notwendige Voraussetzung einer hierarchisch, d.h. einer in ihren Leitungsfunktionen repräsentativ konstituierten Universalkirche. Während in Kirche und Gesellschaft, unabhängig von den jeweils »Regierenden«, schon Beispiele von »Transformation durch Partizipation« im Gange sind, wird in beiden auch gestritten über Reichweite, Legitimität und Funktionalität von Basiskirche und partizipativer Demokratie. Um des Evangeliums willen muss der Streit um Transformation durch Partizipation in der Kirche auf allen Ebenen geführt werden: auf der theologischen, auf der administrativen und auf der pastoralen.

## 1. *Ein theologischer Disput*

Konzilien, Synoden und kirchliche Generalkonferenzen haben stets die Ziele, entweder auf innerkirchliche Lehrstreitigkeiten oder auf gesellschaftliche Anpassungsschwierigkeiten zu antworten. Dem II. Vatikanischen Konzil ging es aufgrund der Vorgaben von Papst Johannes XXIII., der es einberufen hatte, nicht um Lehrstreitigkeiten, sondern um Zeitgenossenschaft in der Welt von heute, die ja eine Voraussetzung für die Verkündigung und Rezeption des Evangeliums ist. *Aggiornamento* und Inkulturation waren die leitenden Begriffe, welche diese Zeitgenossenschaft einläuten sollten. Die Kirche sollte nicht an der Moderne vorbei zu den Menschen kommen und die Kulturen sollten als Lebensprojekte aller Völker ernst genommen werden. Aber diese Erfahrung mit der Moderne und die Rezeption der Kulturen haben dem Konzil später wieder unterbrochene Umbauten im Lehrgebäude und Kirchenmodell abgefordert. Aus einer Kirche, die sich um ihre institutionellen Autoritäten (Papst, Bischöfe, Priester) gelagert hatte, sollte – so wollten es die Konzilsdokumente – eine Kirche rekonstruiert werden, bei der dem Volk Gottes und den Gemeinden eine zentrale Rolle der Partizipation und Aufmerksamkeit zukommen sollte. Insgesamt ist diese Mitbeteiligung des Volkes Gottes und der Ortskirche von Anfang an nur halbherzig vorangetrieben und später sogar lehramtlich blockiert worden.

Ein Beispiel dafür ist der öffentlich ausgetragene Disput zwischen den Kurienkardinälen Ratzinger und Kasper.[97] Joseph Ratzinger hatte als

[97] Der Disput ist sorgfältig rekonstruiert in Kehl 2003; Walter 2004.

Präfekt der Glaubenskongregation das Dokument »Über einige Aspekte der Kirche als Communio/*Communionis notio*« veröffentlicht, dessen zentrale Botschaft die Behauptung ist, dass die Universalkirche einen ontologischen und zeitlichen Vorrang vor den Ortskirchen habe. Walter Kasper hat dies hauptsächlich aus zwei Gründen bestritten: weil ein solcher Vorrang historisch nicht nachweisbar sei und weil ein solcher Vorrang kurialem Autoritarismus Tür und Tor öffnen würde. Durch *Communionis notio* (CN) wurde das praktisch schon existierende Ungleichgewicht auch theologisch untermauert und das durch das Konzil in *Lumen gentium* 23 und *Lumen gentium* 8 mühsam hergestellte Gleichgewicht zwischen Orts- und Universalkirche zugunsten eines Übergewichts der Universalkirche verändert. Den Ortskirchen, die teilweise diesen Vorrang der Universalkirche nicht beachtet hätten, wird in CN 8 ekklesiale »Selbstgenügsamkeit« vorgeworfen. Die Gesamt- bzw. Universalkirche könne »nicht als die Summe der Teilkirchen aufgefasst werden und ebensowenig als Zusammenschluss von Teilkirchen« (CN 9). Die Universalkirche sei »vielmehr im Eigentlichen ihres Geheimnisses eine jeder einzelnen Teilkirche ontologisch und zeitlich vorausliegende Wirklichkeit« (CN 9). Wenn es darüber einen Konsens gegeben hätte, wäre die faktisch administrative Vorrangstellung der Universalkirche, sprich der römischen Kurie, beispielsweise bei Bischofsernennungen, Bischofssynoden und Bischofskonferenzen, für alle Zukunft auch theologisch besiegelt.

Walter Kasper, seit 1999 Sekretär und zwischen 2001 und 2010 Präsident des »Päpstlichen Rates zur Förderung der Einheit der Christen«, hat dem widersprochen, indem er von der Einheit von Universalkirche und Ortskirche beim Jerusalemer Ursprungsgeschehen im Pfingstbericht ausging. Kasper, der, wie er zugab, als Bischof oft unter kurialen Vorgaben gelitten hatte, widerspricht der Tendenz von *Communionis notio*, die theologische Größe »Universalkirche« mit der empirischen römischen Kirche zu identifizieren, wie dies aus CN ableitbar sei: »Vollends problematisch wird die Formel (›die Kirchen in und aus der Universalkirche‹), wenn die eine universale Kirche unter der Hand mit der römischen Kirche, de facto mit Papst und Kurie, identifiziert wird. Geschieht dies, dann kann man das Schreiben der Glaubenskongregation nicht als Hilfe zur Klärung der Communio-Ekklesiologie, sondern muss es als deren Verabschiedung und als Versuch einer theologischen Restauration des römischen Zentralismus verstehen. Dieser Prozess scheint in der Tat im Gange zu sein. Das Verhältnis von Orts- und Universalkirche ist aus der Balance geraten.« Der Disput wurde dann noch in verschiedenen Publikationen weitergeführt. Kasper blieb bei seinem Vorwurf, dass das ausgeglichene

Verhältnis zwischen Orts- und Universalkirche, das die Dokumente des II. Vatikanums auszeichnet, im konkreten Verhältnis zwischen Rom und den Ortskirchen »aus der Balance« geraten sei, reduzierte jedoch seine Einwände auf einen legitimen Disput zwischen theologischen Schulen. Auf die Anfrage Kaspers hin: »Denn wer sagt, dass die Präexistenz nur von der universalen, nicht auch von der konkreten Kirche ›in und aus‹ Ortskirchen verstanden werden kann? […] Die Präexistenz der Kirche kann genauso gut die von mir und von vielen anderen vertretene These von der Simultaneität von universaler und partikularen Kirchen begründen«, gesteht Ratzinger zu, dass es vielleicht besser gewesen wäre, wenn *Communionis notio* statt von »ontologischem« Vorrang vom »teleologischem« Vorrang gesprochen hätte (vgl. CN 9). Dadurch wäre deutlicher geworden, worum es geht: die Präexistenz der Kirche im Heilsplan Gottes als Ziel (Telos) von Schöpfung und Heilsgeschichte sicherzustellen. Freilich wären damit noch nicht alle Spuren einer »*civitas platonica*«, wie Kasper sagt, in einer Kirche, die als »geschichtlich existierende göttlich-menschliche Wirklichkeit« verstanden werden muss, beseitigt.

Für Kirchen der Peripherie, die um die Errungenschaften der Moderne ringen, also um Demokratie, Selbstbestimmung und Menschenrechte, bei denen es um Partizipation und Gleichheit oder vielleicht besser um Gleichheit durch demokratische Partizipation geht, ist dieser zunächst sehr theoretisch erscheinende Disput um ekklesiale Präexistenz im Heilsplan Gottes vor Schöpfung und Geschichte schwer nachvollziehbar und hinterlässt bei Menschen mit existentiellen Sorgen des Überlebens den Eindruck eines Streites um des Kaisers Bart. Wenn wir jedoch die Partizipation der Ortskirche an dem Geschehen der Universalkirche bedenken, dann muss jede Doktrin, welche die wechselseitige Durchdringung und Simultaneität von Orts- und Universalkirche leugnet, unter den Ideologieverdacht eines, wie Kasper sagt, »römischen Zentralismus« geraten. Solche Dispute sind wichtig, weil in der katholischen Kirche selbst Dogmen erst durch die Rezeption der Gesamtkirche ihre Gültigkeit erhalten.

Eine Kirche, die viel diskursive Energie in die »Umwandlung« (*Medellín*) all jener Verhältnisse steckt, die zum Himmel schreien, und die behauptet, dass eine Communio-Theologie den Aufbruch aus patriarchalen und zentralistisch gesteuerten Systemen hin zu partizipativen politisch-sozialen Beziehungen im Auge hat (*Puebla*), diese Kirche muss auch in ihren eigenen Reihen wenigstens zeichenhaft Partizipation praktizieren und ihr Anliegen der Einheit in der Vielheit immer wieder von zentralistischen Auswüchsen reinigen. Grundmotive von »Einheit in der Vielheit« sind Solidarität, Partizipation und Bereitschaft: »Aus unserem

Glauben an Christus stammt auch die Solidarität im Sinne einer ständigen Bereitschaft zu Zuwendung, Geschwisterlichkeit und Hilfestellung« (DAp 394). Falsch verstandene Tradition ist die Treue zur Asche und zum Stillstand. Wir aber haben die Glut und den Weg gewählt.

## 2. *Sieben Thesen zur Möglichkeit indigener Ortskirchen*[98]

Stellen wir an den Beginn dieser Überlegungen einige Fragen. Kann eine römisch-katholische Kirche gleichzeitig eine indigene Ortskirche sein? Wie viel Kontextualität kann und muss sich eine Weltkirche abfordern, ohne in die Provinzialität fundamentalistischer Heilsbehauptungen und ethnozentrischer Kulturvorgaben abzusinken? Wie viel Universalität muss sie den Gläubigen zumuten, damit Gerechtigkeit und Solidarität über die eigenen parochialen Zäune hinweg, also »bis an die Grenzen der Erde«, ein friedliches Mit- und Nebeneinander der gesamten Menschheit nicht aus dem Auge verlieren?

Praktisch gibt es bis heute keine indigene Kirche, wohl aber leben Indios in den verschiedensten kirchlichen Denominationen, die im Grunde alle den Autonomieverlust, den indigene Stämme im politischen und ökonomischen Feld erlitten haben, dann auch im Bereich der Religion widerspiegeln. Der Einsatz für indigene Ortskirchen lohnt sich nur dann, wenn diesen von vornherein nicht zugemutet wird, bloße filialkirchliche Spiegelungen der Großkirche zu sein.

In den verschiedenen Kirchen gibt es jedoch Sektoren, die an der Seite der Indios Präsenz markieren, den Schaden religiöser Entfremdung gering und den Gewinn christlicher Befreiung gerade bei Überlebensfragen nachhaltig zu gestalten versuchen. Diese Sektoren geraten oft unter den Verdacht, nur eine Evangelisierung *light* zu betreiben, und kirchliche Amtsträger stellen ihnen die Gretchenfrage: »Wie hältst du es mit der Mission? Verkündigst du auch den ganzen Jesus Christus, als einzigen Herrn und Erlöser, und seinen privilegierten Vermittlungsort, die katholische Kirche?«

Noch eine weitere Frage drängt sich auf, weil es sich ja bei der Evangelisation nicht um Kirchen-, sondern um Lebensprojekte handelt: »Gibt es in den Großkirchen Raum für indigene Lebensprojekte?« Wenn ja, dann hat das ganz ernste Folgen, denn man kann im gleichen Haus nicht

---

98 Vgl. den erweiterten Beitrag in Suess 2006, wo die einzelnen Thesen ausführlich kommentiert sind.

Nattern und Schafe züchten. Die Option für indigene Kirchen ist immer auch eine Option für ein bestimmtes gesellschaftliches Modell. Im Folgenden versuche ich mit Hilfe von einigen Thesen den pastoralen Raum für ein solches Vorhaben auszumessen.

THESE 1

Indigene Gesellschaften können Subjekte einer über sich selbst aufgeklärten zweiten Moderne sein, deren Errungenschaften nicht auf Technologie, komplexe Verwaltungs- und universale Marktstrukturen reduziert, sondern vor allem politisch fokussiert werden als Selbstbestimmung, universale Menschenrechte und Solidarität.

THESE 2

Wenn indigene Gesellschaften auch moderne Gesellschaften sein können, dann muss zwischen Moderne und westlicher Zivilisation unterschieden werden. Die Identifikation beider hat historisch dazu gedient, andere Völker zu unterwerfen im Namen von Errungenschaften einer sogenannten Moderne. Die zweite, über sich selbst aufgeklärte Moderne als Vernetzung aller ist universal. Die westliche Zivilisation ist dies nicht.

THESE 3

Die sich vor dem Lebensprojekt der Armen und Anderen bewährende zweite Moderne ist zivilisationskritisch, sodass sie bei der Infragestellung des nur Westlichen, das im Gewande von Universalität und Zivilisation auftritt, als Verbündete gelten kann.

THESE 4

In traditionellen Gesellschaften, in denen noch keine prägnante Ausdifferenzierung der sozialen Systeme stattgefunden hat, sind Religionen gleichzeitig kulturelle, politische und ökonomische Systeme. Der Eingriff in eines der sozialen Systeme einer indigenen Lebenswelt ist immer ein Eingriff in das Ganze dieser Gesellschaft. Es gibt also keine ganz außerhistorische missionarische Praxis, die, selbst wenn sie sich auf eine schweigende Präsenz oder einen behutsamen Dialog beschränken sollte, auf lange Sicht keine Veränderungen hervorrufen würde.

THESE 5

Das Zusammentreffen eines kirchlich organisierten Christentums mit einer indigenen Gesellschaft ist immer eine Begegnung zwischen zwei verschiedenen Kulturen. Die Kirchen müssen bei diesem Zusammentreffen ihre kulturelle Ungebundenheit unter Beweis stellen, während die Kulturen, in denen die Lebensprojekte der jeweiligen Völker kodifiziert sind, auf ihrem kulturellen Eigensinn auf historische Weise bestehen müssen.

THESE 6

Die Geschichte sozialer Gruppen ist immer auch Heilsgeschichte. Die heilsgeschichtliche Bedeutung der Geschichte Israels und auch die Ursprungsgeschichte des Christentums dürfen nicht historizistisch-normativ, sondern müssen paradigmatisch gelesen werden. Was in Israel und im frühen Christentum sich historisch ereignet hat, ist ein einmaliges und mehrdimensionales Geschehen, das nicht zu wiederholender Nachahmung, sondern zu kontextualisierender Nachfolge einlädt. Im Bild vom Exodus könnten dann die Nachfahren afrikanischer Sklaven in Amerika durchaus ihre Befreiungsgeschichte gegen das sie versklavende koloniale Christentum lesen.

THESE 7

Missionarische Legitimität kann sich nicht über den subjektiven Glaubensauftrag eines kirchlich eingeschärften Missionsbefehls vermitteln, wohl aber aus Verantwortlichkeit, aus dem objektiven Beitrag einer »frohen Botschaft« zum Lebensprojekt des jeweiligen indigenen Volkes. Die Verantwortlichkeit der missionarischen Präsenz an der Seite der indigenen Völker kann an dem Beitrag gemessen werden, den sie zur Anerkennung, zur Selbstbestimmung und zur Rettung ihres Projekts im ganz neuen Kontext der Moderne beiträgt. »Faktisch muss man«, so der sich am biblischen Erbe Israels orientierende? Emmanuel Lévinas, »die eigentliche Identität des menschlichen Ich von der Verantwortlichkeit her benennen, das heißt ausgehend von diesem Setzen oder diesem Ab-setzen des souveränen Ich im Selbstbewusstsein – Ab-setzen, das gerade in seiner Verantwortung für den Anderen besteht. [...] Ich bin einzig in dem Maß, in dem ich verantwortlich bin«.[99] Subjektiver Glaubensauftrag und objektiver Weltbeitrag befruchten sich gegenseitig. Die Diskurse Jesu (Synagoge von Nazareth, Bergpredigt, Gerichtsrede) sind dichte Beschreibungen von Hoffnung in der Sprache der Opfer.

---

99 Lévinas 1986, 78.

Das indigene Lebensprojekt verweist auf den notwendigen Bruch mit kolonialkirchlicher Bevormundung und fatalistischer Stilllegung. Dabei handelt es sich teilweise um die Umwandlung von historisch eingefleischten Verhältnissen, die oft nur als Symptome eines nicht weiter definierbaren Unbehagens erfahren werden, in historisch bewusstes Leid mit erkannten Ursachen und identifizierbaren Verursachern. Schließlich geht es um die Gewalt verweigerter Selbstbestimmung.

Die indigenen Völker kämpfen, gemeinsam mit anderen sozialen Bewegungen, nicht um das irdische Paradies, aber für eine Welt, in der alle die gleichen Lebenschancen haben und die sich in ortskirchlichen Strukturen, in ihren einheimischen Theologien und Liturgien widerspiegelt. Sie brauchen dazu keine Großkirche, wohl aber Schwesterkirchen.

Vielleicht brauchen die Großkirchen in dieser winterlichen Phase der Stagnation den frischen Wind indigener Völker und Stämme. Hinter ihrem immer auch utopischen Lebensprojekt stehen ganz elementare Lebenserfahrungen: Man darf nichts so todernst nehmen, dass man nicht auch darüber lachen kann; bei allzu langer Sesshaftigkeit laugen die Böden aus und es gedeiht nichts mehr; man darf nichts maximieren, weder den Gewinn noch die Arbeit, und man darf nie auf nur ein Produkt setzen, auf nur eine Partei oder eine kirchliche Organisation. Monokulturen sind gefährdet und gefährlich. Und schließlich: Man braucht nicht alles schwarz auf weiß zu besitzen, um es nach Hause tragen zu können. Am Anfang war das Wort, nicht die Schrift. Indigene Ortskirchen werden heitere Kirchen sein, Kirchen des Wortes und des Teilens, Kirchen des Weges und auf dem Weg, missionarische Kirchen der Armen für die Anderen. Die Sache der Indios ist nicht utopischer als die Sache des Gottesreiches.

## 3. *Der steinige Weg der Basisgemeinden*[100]

Der Weg von der Kolonialkirche, die mit den Augen Spaniens, Portugals oder Roms auf Lateinamerika geschaut hat, zur Befreiungskirche, die dem Stern der Gleichnisse Jesu vom Reich Gottes nachgeht und den dogmatischen Gleichungen, die auf Priestersitzen und Lehrstühlen erarbeitet wurden, misstraut, gab den Anstoß für viele pastorale Aufbrüche der nachkonziliaren Zeit. Dies ist leicht ersichtlich aus der Wahl der Themen der 14 interekklesialen Treffen der Basisgemeinden in Brasilien, die seit

[100] Vgl. ergänzend zu diesem Teil: Suess 2013, 363–373.

1975, also zehn Jahre nach dem Konzil, in mehr oder weniger regelmäßigen Zeitabständen stattfinden und gewählte Vertreter aus den Diözesen, den verschiedensten Ländern und Religionsgemeinschaften, in denen Basisgemeinden existieren, vereinen. Hier seien die verschiedenen Treffen nach Jahr, Ort, Teilnehmerzahl und Thema, zu dem später noch ein Leitspruch hinzukam, aufgelistet:

1. 1975 – Vitória/Espírito Santo (etwa 70 Teilnehmer aus 11 Diözesen):
   »Eine Kirche, aus dem Volke geboren durch den Hl. Geist.«
2. 1976 – Vitória/Espírito Santo (100 Teilnehmer):
   »Kirche, ein Volk unterwegs.«
3. 1978 – João Pessoa/Paraíba (200 Teilnehmer):
   »Kirche, ein Volk, das befreit.«
4. 1981 – Itaicí/São Paulo (300 Teilnehmer):
   »Kirche, ein unterdrücktes Volk, das sich organisiert für die Befreiung.«
5. 1983 – Canindé/Ceará (500 Teilnehmer):
   »Kirche, ein vereintes Volk, Samen für eine neue Gesellschaft.«
6. 1986 – Trindade/Goiás (1.647 Teilnehmer):
   »Kirchliche Basisgemeinden, Volk Gottes auf der Suche nach dem Verheißenen Land.«
7. 1989 – Duque de Caxias/Rio de Janeiro (2.500 Teilnehmer):
   »Volk Gottes in Lateinamerika auf dem Weg der Befreiung.«
8. 1992 – Santa Maria/Rio Grande do Sul (2.800 Teilnehmer):
   »Volk Gottes, das aus unterdrückten Kulturen wiedergeboren wird.«
9. 1997 – São Luiz, Maranhão (2.800 Teilnehmer):
   »Kirchliche Basisgemeinden, Leben und Hoffnung in der Massengesellschaft.«
10. 2000 – Ilheus/Bahia (3036 Teilnehmer):
    »Kirchliche Basisgemeinden, Volk Gottes, 2000 Jahre Weggemeinschaft.«
11. 2005 – Ipatinga/Minas Gerais (3.600 Teilnehmer):
    Kirchliche Basisgemeinden, Spiritualität der Befreiung: »Jesus nachfolgen Hand in Hand mit den Ausgeschlossenen.«
12. 2009 – Porto Velho/Rondônia:
    Basisgemeinden, Ökologie und Mission: »Aus dem Bauch der Erde, der Schrei Amazôniens.«

13. 2014 – Crato/Ceará:
Gerechtigkeit und Prophetie im Dienst des Lebens: »Basisgemeinden, Pilger des Gottesreiches auf dem Land und in der Stadt.«

Alle pastoraltheologisch relevanten Themen der Nachkonzilszeit sind an der kirchlichen Basis Brasiliens angekommen und wurden stets von der Bischofskonferenz mitgetragen. Ihre *Botschaft an das Volk Gottes über die Kirchlichen Basisgemeinschaften* vom 12. Mai 2010 kann geradezu als eine Liebeserklärung an die CEBs betrachtet werden und in gewissem Sinn sogar als ergänzendes Kontrastprogramm zu all den Versuchen einer »Neuevangelisierung«, die sich bisher weder durch Basisnähe noch durch eine vitale Verbindung von Glauben und Leben auszeichnen. In den Basisgemeinden kommt das Volk Gottes nicht nur zu Wort, sondern ihr Wort wird von der hierarchisch strukturierten Kirche sehr ernst genommen. So schrieben die brasilianischen Bischöfe in der genannen Botschaft, dass die CEB, wie sie das schon 1982 gesagt hatten, »eine Realität ist, die einen der dynamischsten Züge des kirchlichen Lebens zum Ausdruck bringt. [...] Jünger und Jüngerinnen Christi versammeln sich in den CEBs zu einem aufmerksamen Hören des Wortes Gottes, auf der Suche nach mehr Brüderlichkeit, zur Feier der christlichen Mysterien und zur Übernahme der Verpflichtung die Gesellschaft zu verändern«.[101]

In Basisgemeinden ist Religion nicht die Droge des Vergessens und künstlicher Aufheiterung für die ihre Trostlosigkeit kompensierende Spaßgesellschaft, sondern eine Insel der Hoffnung in einem oft trüben Fluss des beschädigten Lebens. Angesichts der konziliaren Postulate der Kollegialität und der Impulse? der Volk-Gottes-Theologie ist es völlig unverständlich, dass in nahezu allen Dokumenten des lateinamerikanischen Lehramtes, ehe sie publiziert werden durften, bei der römischen Nachkontrolle gerade jene Texte, welche die Basisgemeinden behandelten, bis zur Unkenntlichkeit zurechtgestutzt wurden.

Altgediente Sektoren der römischen Kurie, von denen schon während des Konzils schrille Töne zu hören waren, weil sie das *aggiornamento* in Liturgie, Theologie und Pastoral als bedrohlich empfanden, verstanden es offensichtlich, ihr ideologisches Erbe nahtlos an jüngere Generationen weiterzugeben. Darum ist es innerkirchlich immer noch möglich, trotz des Konzils, sozusagen auf dem Amtsweg, dem Tigersprung in die Freiheit der Gotteskindschaft auf halber Höhe Einhalt zu gebieten. Dabei bräuchte die römische Kurie, soweit sie nicht um die Preisgabe eigennütziger Inte-

[101] CNBB 2010, Einleitung, und CNBB 1982, Nr. 1.

ressen besorgt ist, überhaupt keine Angst vor der kirchlichen Basis der Mühselig-Beladenen zu haben. Nur wer die die lateinamerikanische pastorale Wirklichkeit nicht kennt, kann aus den meist priesterlosen Basisgemeinden ein Reizwort machen und eine Gefahr für die hierarchische Struktur der Kirche ableiten.

Ein eindruckvolles Beispiel für solche ängstlichen Eingriffe ist am Verlauf der sogenannten »Sonderversammlung der Bischofssynode für Amerika« zu erkennen, die vom 16. November bis 12. Dezember 1997 im Vatikan stattgefunden hat. Im spanisch- und portugiesischsprachigen Arbeitskreis, in dem sich 20 Bischöfe, vier Priester und eine Ordensfrau zusammenfanden, wurden 32 Vorschläge einstimmig verabschiedet und am 4. Dezember dem Generalsekretär der Synode, dem belgischen Kardinal Jan Pieter Schotte, überreicht. Unter diesen Vorschlägen war auch der nun folgende Text über die pastorale Relevanz kirchlicher Basisgemeinschaften, der von den Bischöfen Lyrio Rocha und Kräutler erarbeitet worden war:

> Im Laufe der letzten Jahrzehnte wurden die kirchlichen Basisgemeinschaften zu »einem neuen Modell des Kirche-Seins«. Überall in Lateinamerika sind sie entstanden und haben sich verbreitet. Das *Dokument von Puebla* sagt, dass die kirchlichen Basisgemeinschaften »zu Brennpunkten der Evangelisierung und Motoren der Befreiung« (*Puebla* 96) geworden sind. Sie sind eine besondere Gabe Gottes an seine Kirche. Sie sind Werk des Heiligen Geistes, die Frucht eines neuen Pfingsten.
>
> 1. Die kirchlichen Basisgemeinschaften in Amerika sollen positiv bewertet und gefördert werden als eine Art und Weise
>    - die Evangelisierung und die Pastoral persönlich zu gestalten und zu vertiefen;
>    - des gemeinschaftlichen Zusammenlebens der lokalen und universalen Kirche und der Pastoren (vgl. *Evangelii nuntiandi* 58);
>    - die Laien wertzuschätzen und sie anzuregen ihre Mission in der Kirche und in der Welt auszuüben;
>    - die verschiedenen Dienste und Ämter dynamischer zu gestalten;
>    - das Wort Gottes zu hören und zu meditieren in Verbindung mit dem konkreten Leben;
>    - die Laien auf die Sakramente vorzubereiten und eine inkulturierte Liturgie, besonders eine inkulturierte Eucharistie, zu feiern;
>    - die vorrangige Option für die Armen zu leben.

2. Die kirchlichen Basisgemeinschaften sollen die Menschen und die Familien zusammenführen. Wo die Pfarrei aus verschiedenen Gemeinschaften besteht, soll sie versuchen diese zu integrieren, damit daraus eine Gemeinschaft von Gemeinschaften wird.
3. Die kirchlichen Basisgemeinschaften sollen ihren Mitgliedern helfen, sich für das Gemeinwohl und für die Umwandlung der Gesellschaft verantwortlich zu fühlen, so wie es die Soziallehre der Kirche, die bei den Gläubigen immer bekannter und akzeptierter werden soll, vorsieht.

*Circulus Minor Linguarum Hispanae et Lusitanae*
Dom Geraldo Lyrio Rocha und Dom Erwin Kräutler

Aus diesem Vorschlag der spanisch-portugiesischen Arbeitsgruppe wurde dann ein im Hinblick auf seinen Ursprung unkenntliches Fragment im »Nachsynodalen Apostolischen Schreiben *Ecclesia in America*«, das Papst Johannes Paul II. am 22. Januar 1999 in Mexiko-Stadt veröffentlichte.

Unter der Nummer 73, »Herausforderung durch die Sekten«, erscheint in *Ecclesia in America* ein einziges Mal und ohne pastorale Bedeutung das Wort »Basisgemeinden«. Im Kampf gegen den Proselytismus, so heißt es im Text, »zeigen sich die Basisgemeinschaften, die Bewegungen, die familiären Gruppen und andere assoziierende Gemeinschaften, in denen es leichter fällt, zwischenmenschliche Beziehungen zur gegenseitigen Unterstützung zu pflegen, sowohl im spirituellen als auch im wirtschaftlichen Bereich, als sehr nützlich« (EA 73).

Man missversteht die CEBs, wenn man sie als kirchliche Kampfeinheiten gegen Sekten propagiert. Dem Konzil, das den Anstoß zur Gründung der Basisgemeinden gegeben hat, ging es um die Partizipation der Kirche vor Ort am Ganzen des kirchlichen Lebens, um die Vision einer Kirche, die man nicht hat, sondern die Volk Gottes ist. So sollten wir nicht vom Haben einer Kirche, sondern vom Kirche-Sein sprechen. Die Basisgemeinden denken nicht für die kleinen Leute, sondern die kleinen Leute denken in den Basisgemeinden ihr ganzheitliches Lebensprojekt.

In einem von patriarchalen Strukturen geprägten und sich als Repräsentation der Universalkirche verstehenden kirchlichen Sektor muss oft jeder Satz über Basisgemeinden erkämpft und gehütet werden, wie es das »Verschwinden« einiger in *Aparecida* verabschiedeten Texte auf dem Weg nach Rom wiederum gezeigt hat. Die religiöse und pastorale Partizipation der Basisgemeinden ist ja auch eine ständige Schule für politische

Partizipation und man kann den Text von *Aparecida* gar nicht oft genug wiederholen: »Alles, was mit Christus zu tun hat, hat mit den Armen zu tun, und alles, was mit den Armen zu tun hat, ruft nach Jesus Christus« (DAp 393).

In den Basisgemeinden ist der Prozess der kirchlichen Subjektwerdung schon seit den 60er Jahren in Gang. *Medellín* (1968) bezeichnet die CEBs als »Keimzelle kirchlicher Strukturierung«, »Quelle der Evangelisierung« und »Hauptfaktor der menschlichen Förderung und Entwicklung«. Mit dem Hinweis auf *Gaudium et spes* (GS 55) fordert *Medellín* für die Übernahme von Verantwortung in diesen Basisgemeinschaften ein »Klima der Selbstbestimmung« (DM 15,11). Über *Evangelii nuntiandi* (1975) erhielten diese Basisgemeinden ihre weltkirchliche Rezeption (EN 58) und tauchen dann gefestigt in den Dokumenten von *Puebla* (618ff; 641–643), *Santo Domingo* (61–63, 95, 259) und *Aparecida* (99c/e, 178–180) wieder auf. Aber wenn man die beiden weltkirchlichen Bischofssynoden von 1974 und 2012 vergleicht, die sich beide um »Evangelisierung« bemühten, so muss man doch sagen, dass es dabei nicht nur um neue Szenarien, sondern um neue Leseschlüssel des Konzils und um andere pastorale Prioritäten ging. Der Weg zurück zur vorkonziliaren Kirche mit autoritärem Heilsmonopol wird von der Mehrheit des Volkes Gottes nicht mitgegangen. Die gute Nachricht, die uns aus den Basisgemeinden entgegenkommt, lautet:

- kontextuelle Sensibilität,
- Inklusion, Solidarität und Partizipation aller am gemeinsamen sozialen Lebensprojekt,
- kultureller Pluralismus und Anerkennung des Andersseins.

Damit sind die CEBs gewappnet gegen die »schlechte Nachricht« kontextueller Gleichgültigkeit einer globalisierten Wirtschaft, gegen soziokulturelle Ausschließungsmechanismen und gegen kulturelle Gleichmacherei. Ihre große Herausforderung jedoch wird ihr Gang vom Land in die Stadt sein, wo sie nicht mehr mit der Autonomie von Raum und Zeit rechnen können. Durch rasche Szenenwechsel, Individualisierung und Überlebenskampf ist ihr Gedächtnis bedroht, das sie zusammenhalten könnte. Der erste verfügbare und neue Ort zur Rekontruktion der Basisgemeinde in urbanen Verhältnissen wird wohl die Favela sein. Im Zentrum der Städte mit seinen Hochhäusern und Notunterkünften werden Basisgemeinden, vielleicht als Familien- oder Interessenkreise, sich völlig neu strukturieren.

Und wie steht es mit der verfügbaren Zeit? Die neue Zeit wird wohl nicht die freie Zeit der Arbeitslosen und Frührentner sein. Aber vielleicht gibt es in einer Welt der Beschleunigung, also zwischen Überarbeitung und Arbeitslosigkeit, die »Verlangsamung« als »goldene Mitte«, sodass wir nicht nur einen Ort haben zur Gemeindebildung, sondern uns auch die Zeit dazu nehmen können? Vielleicht gilt auch den Basisgemeinden der Ruf der letzten Großdemonstrationen und Proteste: »Kommt auf die Straße!« Dort geschieht Transformation durch Partizipation. Vielleicht kann man nur von der Straße aus die räumliche Segregation in die umzäunten Wohnviertel der Eliten und die Wohnsilos und Favelas der Armen wahrnehmen und die Zerstörungswut arbeitsloser Jugendlicher verstehen.

## 4. *Gegen Alternativlosigkeit: sumak kawsay*

Manches deutet darauf hin, dass auf den Spätkapitalismus, dessen natürliche und soziale Ressourcen endlich sind, ein Postkapitalismus folgen könnte. Soziale Bewegungen versuchen an verschiedenen Standorten der Welt den suggestiven Schein der Alternativlosigkeit gängiger Kosten-Nutzen-Rechnungen aufzubrechen.

Inmitten globaler Unübersichtlichkeit kommt aus der andinen Welt der Quechua ein Fremdwort auf uns zu. Dieses Wort hat dort Jahrhunderte überlebt und lautet *sumak kawsay*, was soviel heißt wie *bien/buen vivir* – »gut leben«. In der Kultur der Aimara heißt »gut leben« *suma qamaña* und in der Guaraníkultur *teko porã.*

*Sumak kawsay* ist programmatisch in die Verfassungen Boliviens und Ecuadors eingegangen und seitdem präsent im öffentlichen Diskurs um Selbstbestimmung und demokratischen Sozialismus. *Sumak kawsay*, so steht es in der Präambel der bolivianischen Verfassung, ist vom Konzept des kolonialen, republikanischen und neoliberalen Staates weit entfernt. In einer *Übereinkunft der Völker* auf der »Konferenz der Völker zum Klimawechsel und zu den Rechten der Mutter Erde« am 22. April 2010 in Cochabamba (Bolivien) wurde der Versuch unternommen, das Konzept des *sumak kawsay* als neues planetarisches Paradigma zu erläutern, als eine Brücke zwischen traditionellen indigenen Lebenserfahrungen und Moderne.

Was meint nun das Paradigma *sumak kawsay*, dem wir explizit schon im frühen 17. Jahrhundert in der Schrift des Felipe Guaman Poma de Ayala (1535–1616?) *Die Neue Chronik und Gute Regierung* begegnen?[102]

---

[102] Vgl. Poma de Ayala 1980.

In seiner *Nueva Corónica* (1615/1616) trägt Poma de Ayala Elemente für den *Buen Gobierno* zusammen, dessen Aufgabe es ist, das »gute Leben« aller zu garantieren. So betrachtet er *buen gobierno* und *buen vivir* als austauschbare Größen. Das »gute Leben«, von dem er nur einmal explizit spricht, hält er für eine Synthese aus Christentum und vorinkaischer Kultur. In den Andenkulturen, so Poma Ayala, kannte man die Gebote Gottes schon, ehe sie von christlichen Missionaren kodifiziert vorgelegt wurden: »Schau her, christlicher Leser, und lerne von diesen Barbaren, dass ihre dunkle Kenntnis des Schöpfers nicht gering eingeschätzt werden darf. Versuche daher diese Kenntnis im Zusammenhang mit dem Gesetz Gottes und seinem heiligen Dienst zu sehen.«[103]

Das »gute Leben« und die »gute Regierung« des Poma Ayala gehen in die mythischen Anfänge von Christentum und Andenkultur zurück. Im Laufe der Geschichte sind beide von Dekadenz unterwandert worden. Poma Ayala prangert diese Dekadenz an und macht, auf der Grundlage des christlichen Glaubens und der andinen Kultur, Vorschläge für das »gute Leben«, welche die ursprünglichen Ideale ihrer religiös verankerten Gerechtigkeit, Moralität, Harmonie innerhalb des Kolonialsystems realisieren sollen. Heute wissen wir, dass das »gute Leben aller« in keinem Kolonialsystem zu haben ist und dass es selbst für sogenannte demokratische Staaten im besten Falle der Horizont sein kann für immerwährende Sozialkämpfe.

*Die Neue Chronik und Gute Regierung* des Poma Ayala mag uns an Adornos Satz aus den *Minima Moralia* erinnern: »Der Wert eines Gedankens misst sich an seiner Distanz von der Kontinuität des Bekannten. […] Erfüllte Leben geradewegs seine Bestimmung, so würde es sie verfehlen. […] Jedem Gedanken jedoch, der nicht müßig ist, bleibt wie ein Mal die Unmöglichkeit der vollen Legitimation einbeschrieben […]. Der Gedanke wartet darauf, dass eines Tages die Erinnerung ans Versäumte ihn aufweckt und ihn in die Lehre verwandelt.«[104]

Im nationalen Entwicklungsplan Ecuadors (2009–2013), der als *Plan Nacional para el Buen Vivir* die in der Verfassung vorgegebene Konstruktion eines plurinationalen und interkulturellen Staates ausbuchstabiert, ist die »Distanz von der Kontinuität des Bekannten« in Vergangenheit und Gegenwart sehr deutlich. Vor allem, wenn man die konkreten Regierungsgeschäfte betrachtet. Und doch soll uns dies nicht daran hin-

---

[103] Ebd., Nr. 62.
[104] Adorno 1969, Nr. 50.

dern, über die Utopie des »guten Lebens«, wie sie in die Verfassungen Ecuadors und Boliviens in selektiver Aneignung von andinen Traditionen aufgenommen wurde, nachzudenken.

In beiden Verfassungen geht es nach ihren eigenen Worten um die Revolution mit dem Ziel einer neuen demokratischen Staatsbürgerschaft aller. Revolution heißt hier nicht, dass eine neue Klasse die Macht übernimmt, sondern dass die Aufgaben von Politik, Wirtschaft, Kultur neu definiert werden. Oberstes Ziel sind die Inklusion und Partizipation aller und die Garantie eines freien Rechtsstaates. Die eigentliche Bedeutung des *sumak kawsay* in der neuen Verfassung Ecuadors ist der konzeptionelle Bruch mit einem auf Beschleunigung, Akkumulation, Wirtschaftswachstum, Export und der Ausbeutung von Natur und Mensch basierenden Entwicklungsmodell.

Beim *buen vivir* geht es nicht so sehr um originelle Lösungen wie um die Suche nach Prinzipien und Orientierungen für einen neuen und stets unfertigen Sozialvertrag. Das »gute Leben« auf der Grundlage kultureller Verschiedenheit und sozialer Gerechtigkeit ist eingebettet in ein komplexes und nicht-lineares Konzept von Anerkennung, Wertschätzung und Dialog, in dem Mensch und Natur gleichberechtigte Partner sind. Der *Plan Nacional* umschreibt dies als Schritt vom Anthropozentrismus zum Biopluralismus.

Der Vorschlag eines konzeptuellen Bruchs mit dem im Konsens von Washington vorgedachten Entwicklungsmodell hat ethische Prinzipien zur Voraussetzung, aus denen sich folgende konkrete Herausforderungen ergeben:

- der Aufbau einer Gesellschaft, welche die Einheit in Verschiedenheit anerkennt;
- solidarisches, geschwisterliches und kooperatives Zusammenleben in einer Gesellschaft, in der Gleichheit, Integration und sozialer Zusammenhang geschützt sind;
- die Vernetzung von sozialen und ökonomischen Lebensbedingungen in Harmonie mit der Natur;
- die Vertiefung einer repräsentativen, partizipativen und beschlussfähigen Demokratie;
- die Konsolidierung eines demokratischen, pluralistischen und laikalen Staates.

Zur Bewältigung dieser Herausforderungen benennt der *Nationale Plan zum guten Leben* Strategien und Ziele:

a) Demokratisierung der Produktionsmittel, Umverteilung des Reichtums und Diversifikation des Eigentums und seiner Organisation;

b) selektiver Ersatz von Importprodukten, Steigerung der realen Produktivität und der Vielfalt des Exports und seiner Zielländer;
c) strategische und unabhängige Integration in Lateinamerika und den neuen globalen Weltbeziehungen;
d) ein neues Verhältnis zwischen Erziehung, Wissen, Wissenschaft und technologischer Innovation;
e) Veränderung der energetischen Matrix.

Wird *sumak kawsay* die Ideale traditioneller Gesellschaften, in denen das Heilige, das in der Ehrfurcht vor der Natur und im Glauben an das Göttliche gelebt wird und in denen eine organische Verklammerung zwischen den Bedürfnissen der Gruppe und den Ich-Idealen der Individuen vorausgesetzt wird, in eine moderne Industriegesellschaft mit ihren globalen wirtschaftlichen Verankerungen übersetzen können?

Alberto Acosta, der Ex-Präsident der Verfassunggebenden Versammlung Ecuadors (2007/2008), meint, dass eine Wirtschaft, die im Einklang mit der Natur steht und die Bedürfnisse der Menschen und nicht des Kapitals bedient, möglich ist: »Anders als der ökonomische Liberalismus, der von der permanenten Akkumulation von Gütern und der Konkurrenz zwischen den Menschen ausgeht, basiert das *buen vivir* auf einer Ethik des ›Ausreichenden‹ für die ganze Gemeinschaft, nicht nur für das Individuum. Sein zentrales Anliegen ist nicht, zu akkumulieren, um zu einem späteren Zeitpunkt besser leben zu können. Es geht darum, im Hier und Jetzt gut zu leben, ohne dabei das Leben der nächsten Generationen aufs Spiel zu setzen.«

In den Prozessen der Verfassunggebenden Versammlungen Boliviens und Ecuadors wurden vier Achsen für die Lokomotive des guten Lebens aller deutlich. Sie haben auch für uns Bedeutung:

a) Die Entprivatisierung von Gemeinschaftseigentum und die Resozialisierung von Boden, Wasser, Bodenschätzen und Basisindustrie müssen als Repolitisierung des Staates gesehen werden, der, im Falle Ecuadors, unter dem Diktat multinationaler Konzerne seinen politischen Spielraum und seine eigene Währung (Dollarisierung!) verloren hat.
b) Interkulturalität als Anerkennung einer großen internen Verschiedenheit einer jeden Region, inklusive mehrerer Landessprachen, ist der Beginn der Dekolonisierung und der Entmachtung monokultureller Hegemonien. Dadurch kommt auf neue Weise die Notwendigkeit der Inkulturation kirchlicher Präsenz, im Gegensatz zu nur kirchlicher Supervision, zur Geltung.
c) Wiederherstellung der Harmonie (ein sehr wichtiger Begriff der

Quechua-Kultur!) der Menschen untereinander und mit der Natur. Hier geht es also auch um neue Produktionsweisen, welche die Menschen nicht mehr von sich selbst und ihrer Natur entfremden. Für die Indigenas ist die Natur ein Lebensraum, ist Materie, Mater und Matrix, durch die sie in Kontakt treten mit dem Raum des Übernatürlichen. Erde und Wasser haben Rechte und besitzen unberührbare Sakralräume. *Sumak kawsay* bedeutet Kritik und Bruch mit den pathologischen Entwicklungsmodellen von unbegrenzter Beschleunigung, Wachstum, Akkumulation und Verbrauch nicht erneuerbarer Ressourcen.

d) Das gute Leben impliziert nicht nur eine juristische, sondern vor allem eine partizipative Staatsbürgerschaft, der es um staatsbürgerliches Erwachsen-Sein, um die Souveränität von Wissen, Berufschancen, Lebensmitteln und Lebensmöglichkeiten geht. Die Lösung wird nicht allein vom guten Leben der andinen Welt kommen, meint Acosta: »Es gibt also keine die alleinige Wahrheit beanspruchende oder aus nur einer Kultur hervorgehende Vision des *Buen Vivir*. [...] Auch wenn das Konzept seinen Ursprung vor allem in den indigenen Gemeinschaften Lateinamerikas hat, leugnet es nicht die technologischen Vorteile der modernen Welt oder aber mögliche Beiträge anderer Kulturen und Wissensformen, die bestimmte Annahmen der herrschenden Moderne in Frage stellen. [...] Statt des Entwicklungsdiskurses, der koloniale Vorstellungen von Herrschaft und Ausschluss rechtfertigt, brauchen wir einen gegenhegemonialen Diskurs, der dem Entwicklungsgedanken und den mit ihm korrespondierenden Praktiken etwas entgegensetzt. [...] Allerdings ist der vom *Buen Vivir* angestrebte Wandel nur auf der Grundlage von mehr Demokratie möglich. Wenn der Weg nicht demokratisch ist, wird auch die angestrebte Gesellschaft im Ergebnis nicht demokratisch und auch nicht nachhaltig sein.«[105]

Systemkonformität beschleunigt den untragbaren Fortschritt. Ein entschleunigter Lebensstil, institutionelle Freiheit und prophetischer Protest, wie er sich in Seattle, in Chiapas, im »Arabischen Frühling«, am Tahrir-Platz in Kairo und am Taksim-Platz in Istanbul, an der Puerta del Sol in Madrid mit den *Indignados*, in der *Occupy Wall Street*-Bewegung, in Athen und in Brasilien geäußert hat, könnten die Notbremse sein, welche den Zug der Angepassten und Ausgeschlossenen gleichermaßen vor dem Sturz in den Abgrund bewahrt. Aber sie wissen, dass sie nicht nur Bremse

---

[105] Acosta 2013, 97.

sind, sondern auch Inspiration und Treibkraft in einer Welt für alle. Das universale Projekt der Moderne mit seinen unbegrenzten Horizonten von Solidarität, Freiheit und Gleichheit hat sich ganz konkret in den verschiedensten Kontexten eingenistet. Alternativen haben dort ein Obdach gefunden und Utopien sind nicht mehr subjektlos.

# Abkürzungsverzeichnis[106]

AG Dekret über die Missionstätigkeit der Kirche *Ad gentes* (1965).

CD Dekret über die Hirtenaufgabe der Bischöfe in der Kirche *Christus Dominus* (1965).

CEB Comunidade Eclesial de Base – Kirchliche Basisgemeinschaft.

CN Schreiben der Kongregation für die Glaubenslehre an die Bischöfe der katholischen Kirche »Über einige Aspekte der Kirche als Communio«: *Communionis notio*, Vatikanstadt 1992.

CNBB Conferência Nacional dos Bispos do Brasil – Brasilianische Bischofskonferenz.

DAp Schlussdokument der 5. Generalversammlung des Episkopats von Lateinamerika und der Karibik, *Aparecida* 2007.

DH Erklärung über die Religionsfreiheit *Dignitatis humanae* (1965).

DI Kongregation für die Glaubenslehre, Erklärung *Dominus Iesus* über die Einzigkeit und die Heilsuniversalität Jesu Christi und der Kirche, Bonn 2000.

DM Schlussdokument der 2. Generalversammlung des Episkopats von Lateinamerika und der Karibik, *Medellín* 1968.

DSD Schlussdokument der 4. Generalversammlung der lateinamerikanischen Bischöfe in *Santo Domingo*, 1992.

EA Papst Johannes Paul II., Nachsynodales Apostolisches Schreiben *Ecclesia in America*, Mexiko-Stadt, 22. Januar 1999.

---

106 Päpstliche Dokumente, Ansprachen, Homilien etc. sind unter dem jeweiligen Autorennamen und Datum in www.vatican.va (»Der Heilige Stuhl«) zu finden.

EN Papst Paul VI., Apostolisches Schreiben *Evangelii nuntiandi*, 1975.

ES Papst Paul VI., Enzyklika *Ecclesiam suam*. Über die Kirche, ihre Erneuerung und ihre Sendung in der Welt, 1964.

GS Pastoralkonstitution über die Kirche in der Welt von heute *Gaudium et spes* (1965).

LG Dogmatische Konstitution über die Kirche *Lumen gentium* (1964).

MM Papst Johannes XXIII., Enzyklika *Mater et magistra*. Über die jüngsten Enwicklungen des gesellschaftlichen Lebens und seine Gestaltung im Licht der christlichen Lehre (1961).

NA Erklärung über das Verhältnis der Kirche zu den nichtchristlichen Religionen *Nostra aetate* (1965).

RMi Papst Johannes Paul II., Enzyklika *Redemptoris missio*. Über die fortdauernde Gültigkeit des missionarischen Auftrages (1990).

SC Konstitution über die heilige Liturgie *Sacrosanctum Concilium* (1963).

SS Papst Benedikt XVI., Enzyklika *Spe salvi*. Über die christliche Hoffnung (2007).

UR Dekret über den Ökumenismus *Unitatis redintegratio* (1965).

# Literatur


ACOSTA, A. 2013, *Vom guten Leben: Der Ausweg aus der Entwicklungsideologie*, in: Blätter für deutsche und internationale Politik 2, 91–97.

ADORNO, T.W. 1969, *Minima Moralia. Reflexionen aus dem beschädigten Leben*, Frankfurt a.M.

DERS. [5]1996, *Negative Dialektik* (Gesammelte Schriften 6), Frankfurt a.M.

ANGENENDT, A. [4]2008, *Toleranz und Gewalt. Das Christentum zwischen Bibel und Schwert*, Münster.

ASSHEUER, Th. 2012, *Die Moderne ist vorbei. Aber was kommt danach? Warum Wissenschaftler wieder von Postdemokratie und Spätkapitalismus reden. Eine Handreichung*, in: Zeit-Online, 26.07.2012 [http://www.zeit.de/2013/31/ Zeitkritik-Postdemokratie-Spaetkapitalismus].

BISER, E./HEINZMANN, R. 2008, Mensch und Spiritualität. Eugen Biser und Richard Heinzmann im Gespräch, Darmstadt.

CADOGAN, L. [3]1997, Ayvu Rapyta. Textos míticos de los Mbyá-Guaraní del Guairá (Biblioteca Paraguaya de Antropología XVI), Asunción.

CÂMARA, H. 2009, Circulares Conciliares, Bd. I, Teil 3 [10./11. Sept.–7./8. Dez. 1965] (Obras Completas de Dom Helder Câmara), Recife.

CIMI REGIONAL MS 1999, O mistério dos suicídios, in: Porantim XXI/249 (Oktober), 4.

CLASTRES, P. 2004, Arqueologia da violência, São Paulo.

CONFERÊNCIA NACIONAL DOS BISPOS DO BRASIL (CNBB) 1982, Comunidades Eclesiais de Base na Igreja do Brasil (Documento da CNBB 25), Brasília.

DIES. 2010a, *Mensagem ao povo de Deus sobra as Comunidades Eclesiais de Base* (Documento da CNBB 92), Brasília.

DIES. 2010b, *Por uma reforma do Estado com participação democrática* (Documentos da CNBB 91), Brasília.

DIES. 2010c, *Igreja e questão agrária no início do século XXI* (Estudos da CNBB 99), Brasília.

CROUCH, C. 2008, *Postdemokratie*, Frankfurt a.M.

DENZINGER, H./HÜNERMANN, P. [37]1991, *Kompendium der Glaubensbekenntnisse und kirchlichen Lehrentscheidungen*, Freiburg i.Br. u.a.

DIE DEUTSCHEN BISCHÖFE 2000, *Gerechter Friede*, Bonn.

DÜRR, H.-P. 2003, *Versöhnung von Wissenschaft und Religion.* Vortrag gehalten am 30.05.2003 in der Französischen Friedrichstadtkirche, Berlin, anlässlich des Ökumenischen Kirchentages [Manuskript, 12 S.].

ENGELS, F. 1850/1973, *Der deutsche Bauernkrieg*, in: Friedrich Engels Studienausgabe 3, Hamburg, 147–232.

FRANCISCO JAVIER 1979, *Cartas y escritos* (Biblioteca de Autores Cristianos), Madrid.

FREITAS BARBOSA, A. de 2012, *O Brasil real: a desigualdade para além dos indicadores*, São Paulo.

HABERMAS, J. $^{3}$1975, *Legitimitätsprobleme im Spätkapitalismus*, Frankfurt a.M.

DERS. 2008, *Ein Bewusstsein von dem, was fehlt*, in: M. Reder/J. Schmidt (Hg.), Ein Bewusstsein von dem, was fehlt. Eine Diskussion mit Jürgen Habermas, Frankfurt a.M., 26–36.

DERS. 2012, *Nachmetaphysisches Denken II*. Aufsätze und Repliken, Frankfurt a.M.

HONNETH, A. 2005, *Vorwort*, in: R. Jaeggi, Entfremdung. Zur Aktualität eines sozialphilosophischen Problems, Frankfurt a.M., 7–10.

HORKHEIMER, M. 1930, *Anfänge der bürgerlichen Geschichtsphilosophie*, Stuttgart.

HÜNERMANN, P. 2005, *Theologischer Kommentar zum Dekret über die Missionstätigkeit der Kirche Ad gentes*, in: Herders Theologischer Kommentar zum Zweiten Vatikanischen Konzil, Bd. 4, Freiburg i.Br., 219–336.

JAEGGI, R. 2005, *Entfremdung. Zur Aktualität eines sozialphilosophischen Problems*, Frankfurt a.M.

KASPER, W. 1999, *Zur Theologie und Praxis des bischöflichen Amtes*, in: W. Schreer/G. Steins (Hg.), Auf neue Art Kirche sein (FS Bischof Dr. Josef Homeyer), München, 32–48.

DERS. 2000, *Das Verhältnis von Universalkirche und Ortskirche*, in: Stimmen der Zeit 218, 795–804.

DERS. 2001, *Leserbrief*, in: America 185/17, 28–29.

KEHL, M. 2003, *Zum jüngsten Disput um das Verhältnis von Universalkirche und Ortskirchen*, in: P. Walter/K. Krämer/G. Augustin (Hg.), Kirche in ökumenischer Perspektive (FS Walter Kasper), Freiburg i.Br., 81–101.

KIRCHENAMT DER EVANGELISCHEN KIRCHE IN DEUTSCHLAND/SEKRETARIAT DER DEUTSCHEN BISCHOFSKONFERENZ (Hg.) 1997, *Für eine Zukunft in Solidarität und Gerechtigkeit: Wort des Rates der Evangelischen Kirche in Deutschland und der Deutschen Bischofskonferenz zur wirtschaftlichen und sozialen Lage in Deutschland* (Gemeinsame Texte 9), Bonn.

KLOPPENBURG, B. (Hg.) 1966, *Pakt der Katakomben*, in: ders. (Hg.), Concílio Vaticano II. Vol. V, Quarta Sessão, Petrópolis, 526–528.

LADEIRA, M.I. 1999, *Yvy marãey: renovar o eterno*, in: Suplemento Antropologico XXXIV/2 (Dezember), 81–100.

LÉVINAS, E. 1986, *Ethik und Unendliches. Gespräche mit Philippe Nemo*, Graz-Wien.

LÉVI-STRAUSS, C. $^{2}$1979, *Traurige Tropen*, Köln.

DERS. 1993, *História de lince*, São Paulo.

MEGALE, N.B. ³1997, *Invocações da Virgem Maria no Brasil*, Petrópolis.

MEISTER ECKEHART ⁵1978, *Deutsche Predigten und Traktate*, München.

MELIÀ, B. ²1988, *El Guaraní conquistado y reducido. Ensayos de etnohistoria* (Biblioteca Paraguaya de Antropología 5), Asunción.

DERS. 1989a, *A experiência religiosa guarani*, in: M. Marzal/R. Robles/E. Maurer/X. Albó/B. Melià, O rosto índio de Deus, Petrópolis, 293–348.

DERS. 1989b, *La tierra-sin-mal de los guaraní: economia y profecia*, in: América Indígena XLIX/3 (Juli–September), 491–507.

NIMUENDAJU UNKEL, C. 1914, *Die Sagen von der Erschaffung und Vernichtung der Welt als Grundlagen der Religion der Apapocúva-Guaraní*, in: Zeitschrift für Ethnologie 46, 284–403.

DERS. 1987, *As lendas da criação e destruição do mundo como fundamentos da religião dos apapocúva-guarani*, São Paulo.

OLIVEIRA MONTARDO, D.L. 2009, *Através do Mbaraka. Música, dança e xamanismo Guaraní*, São Paulo.

ORWELL, G. 1982, *Farm der Tiere. Ein Märchen*, Zürich.

PAPST JOHANNES XXIII. 1962, *Ansprache zur feierlichen Eröffnung des Hl. Konzils*, in: www.vatican.va, Die römischen Päpste, Johannes XXIII., Ansprachen, 11. Oktober 1962.

PAPST PAUL VI. 1965, *Abschluss des II. Ökumenischen Vatikanischen Konzils: Ansprache bei der letzten öffentlichen Sitzung*, in: www.vatican.va, Die römischen Päpste, Paul VI., Ansprachen, 7. Dezember 1965.

PIRONIO, E. ⁵1970, *Interpretación cristiana de los signos de los tiempos hoy en América Latina*, in: Consejo Episcopal Latinoamericano (Celam), La Iglesia en la actual transformación de América Latina a la luz del Concílio, Bd. I: Ponencias, Bogotá.

PLATON 1957, *Apologie (Des Sokrates Verteidigung)*, in: ders., Sämtliche Werke 1 (RK), Hamburg, 7–31.

POMA DE AYALA, F.G. 1980, *El primer nueva corónica y buen gobierno*, México. – Deutsche Ausgabe: DERS. 2004, *Die Neue Chronik und Gute Regierung.* Faksimileausgabe und Übersetzung auf CD-Rom, Berlin.

RABELLO, T. 2006, *Carros flex puxam a expansão dos canaviais: novas usinas em construção para abastecer o mercado*, in: O Estado de São Paulo, caderno Novo Mapa do Brasil, São Paulo, H 26.

RATZINGER, J. 1986, *Kommentar zum II. Kapitel der Dogmatischen Konstitution über die göttliche Offenbarung*, in: Lexikon für Theologie und Kirche 13. Ergänzungsband 2, Freiburg-Basel-Wien, 515–528.

DERS. 2000, *L'ecclesiologia della Costituzione »Lumen gentium«*, in: R. Fisichella (Hg.), Il Concilio Vaticano II – Recezione e attualità alla luce del Giubileo, Cinisello Balsamo, 66–81. [Im Wortlaut in: Tagespost, März 2000, und leicht gekürzt und verändert in: Frankfurter Allgemeine Zeitung, 22.12.2000, 46.]

DERS. 2001, *The local church and the universal church*, in: America 185/16, 7–11.

DERS. [3]2003, *Der Dialog der Religionen und das jüdisch-christliche Verhältnis*, in: ders., Die Vielfalt der Religionen und der Eine Bund, Bad Tölz, 93–121.

DERS. 2011, *Überlegungen zum theologischen Fundament der Sendung (Mission) der Kirche (Considerationes quoad fundamentum theologicum missionis ecclesiae)*, in: R. Voderholzer/Ch. Schaller/F.-X. Heibl (Hg.), Mitteilungen Institut Papst Benedikt XVI., Bd. 4, Regensburg, 15–22.

REINHARD, W. 1983/1985, *Geschichte der europäischen Expansion*. 2 Bde., Stuttgart-Berlin-Köln-Mainz.

ROSA, H. 2012, *Weltbeziehungen im Zeitalter der Beschleunigung. Umrisse einer neuen Gesellschaftskritik*, Berlin.

RUGGIERI, G. 1987, *Appunti per una teologia in papa Roncalli*, in: G. Alberigo (Hg.), Papa Giovanni, Bari, 245–271.

SANDER, H.-J. 1997, *Die Zeichen der Zeit. Die Entdeckung des Evangeliums in den Konflikten der Gegenwart*, in: G. Fuchs/A. Lienkamp (Hg.), Visionen des Konzils: 30 Jahre Pastoralkonstitution »Die Kirche in der Welt von heute«, Münster.

SCHADEN, E. 1974, *Aspectos fundamentais da cultura Guaraní*, São Paulo.

SCHÄFER, A. 2010, *Die Folgen sozialer Ungleichheit für die Demokratie in Westeuropa*, in: Zeitschrift für Vergleichende Politikwissenschaft 4, 131–156.

SEKRETARIAT DER DEUTSCHEN BISCHOFSKONFERENZ (Hg.) 1979, *Die Kirche Lateinamerikas. Dokumente der II. und III. Generalversammlung des Lateinamerikanischen Episkopates in Medellín und Puebla*, Bonn.

STREECK, W. [3]2013a, *Die vertagte Krise des demokratichen Kapitalismus. Frankfurter Adorno-Vorlesungen 2012*, Frankfurt a.M.

DERS. 2013b, *Krisendiagnose: Wie das Geld mitregiert*, in: Magazin Mitbestimmung 6, 22–25.

SUESS, P. 2006, *Zum Traum von indigenen Ortskirchen. Zehn Thesen*, in: Ch. Böttigheimer/H. Filser (Hg.), Kircheneinheit und Weltverantwortung (FS Peter Neuner), Regensburg, 497–512.

DERS. 2009, *Option für die Armen-Anderen als Kampf für Gerechtigkeit im Kontext Lateinamerikas*, in: Th. Schreijäck (Hg.), Theologie interkulturell: Glaubenskommunikation in einer gewandelten Welt, Paderborn, 77–91.

DERS. [3]2010, *Dicionário de Aparecida. 42 palavras-chave para uma leitura pastoral do Documento de Aparecida,* São Paulo.

DERS. 2012, *Was ist Wirklichkeit? Gedankensplitter, um eine ontologische Frage im soziohistorischen Kontext zu verankern*, in: Concilium 48 (Oktober), 466–471.

DERS. 2013, *Kirche weltweit unterwegs in christlichen Basisgemeinden?* in: Stimmen der Zeit 4, 363–373.

TAVARES BASTOS, A.C. [3]1975, *O vale do Amazonas: a livre navegação do Amazonas, estatística, produção, comércio, questões fiscais do vale do Amazonas*, São Paulo.

VASCONCELLOS, P.L. 2010, *Do Belo Monte das promessas à Canudos destruída: O drama bíblico na Jerusalém do sertão*, Maceió.

WALTER, P. 2004, *Ein Blick zurück und nach vorne aus dem Abstand von fast vierzig Jahren am Beispiel des Verhältnisses von Orts- und Universalkirche*, in: G. Wassilowsky (Hg.), Zweites Vatikanum – Vergessene Anstöße, gegenwärtige Fortschreibungen (Quaestiones disputatae 207), Freiburg i.Br., 116–136.

WINNICOTT, D.W. 1983, *Von der Kinderheilkunde zur Psychoanalyse*, Frankfurt a.M.